Ellen Kraft

Positive Verstärker für den Schulalltag

Praktische Materialien zur Verbesserung des Arbeits- und Sozialverhaltens

5./6. Klasse

PERSEN

Die Autorin:

Ellen Kraft ist Lehrerin in Niedersachsen.

Gedruckt auf umweltbewusst gefertigtem, chlorfrei gebleichtem und alterungsbeständigem Papier.

5. Auflage 2018

Illustrationen: Julia Flasche
Satz: Satzpunkt Ursula Ewert GmbH

ISBN 978-3-403-23189-9

www.persen.de

Inhalt

Präventives Handeln und Loben statt Strafen

Zu unserem beruflichen Alltag gehören störende Verhaltensweisen von Schülerinnen und Schülern:
„Plötzlich hebt der Schüler B. mitten im Unterricht die Bank hoch und stemmt sie wie ein Gewichtheber."
„Beinahe die Hälfte der Klasse hatte heute wieder keine Hausaufgabe!"
„Dauernd reden verschiedene Schüler in meinen Unterricht hinein. Ich weiß gar nicht, was ich tun soll!"

Wer täglich in verschiedenen Schulklassen unterrichtet, kennt die vielen kleinen und großen, von Schülern verursachten Unterrichtsstörungen. So vielfältig und komplex ihre Erscheinungsformen und Zusammenhänge sind, so vielfältig sind auch die möglichen erzieherischen Handlungsformen. Konkrete Maßnahmen im Sinne von „Rezepten" sind gefragt, um Störungen wirkungsvoll zu begegnen. Den ertappten Schüler[1] seitenweise aus Büchern abschreiben zu lassen, undisziplinierte Schüler „zur Strafe" vom Sportunterricht auszuschließen oder „Verweise" zu verteilen – solche „disziplinierenden Maßnahmen" erweisen sich oft als unzulänglich und wenig wirkungsvoll. Zugleich wird deutlich, dass sich das traditionelle Lehrerbild verändert hat: Vom „reinen" Vermittler von Fachwissen zum zunehmend erziehenden Übermittler sozialer Kompetenzen, denn diese sind im Schul- wie im Berufsleben unverzichtbar …

Im Umgang mit unangemessenem Verhalten hat sich in der Forschung und auch in der Schulpraxis ein Perspektivwechsel vollzogen, eine Trendwende von einem Defizit- zu einem Kompetenzmodell der Persönlichkeit. Was bedeutet das?

Lernen wird entscheidend durch positive oder negative Konsequenzen geprägt. Die Wahrscheinlichkeit, dass ein gewünschtes Verhalten auftritt, wird durch positive Konsequenzen erhöht, durch negative Konsequenzen gemindert. Folgen unmittelbar auf ein Verhalten angenehme Konsequenzen, so nennt man diese positive Verstärker. Mit der Verstärkung eines positiven Verhaltens kann man einen negativen Zustand verbessern, d. h. positive Verstärkung ist ein Verfahren zur Verhaltensänderung, zum Aufbau eines erwünschten Verhaltens.

Es sollte für die Lehrkraft im Unterricht und in der schulischen Arbeit nicht in erster Linie um vielfältige, wirkungsvolle Möglichkeiten der Bestrafung von Fehlverhalten gehen, sondern um die präventive Arbeit mit einem positiven Verstärkersystem. Dann können notwendige Sanktionen auf ein unerlässliches Minimum beschränkt werden.

[1] Der besseren Lesbarkeit halber benutzen wir die verallgemeinernde Form. Selbstverständlich sind alle weiblichen Personen ausdrücklich ebenfalls gemeint.

Mein Grundsatz in der pädagogischen Arbeit orientiert sich daran, nicht das negativ auffällige Verhalten in den Mittelpunkt zu stellen, sondern das positive Verhalten in einer Situation anzuerkennen und zu würdigen. „Das Kind erwischen, wenn es gut ist"[2] bedeutet, positives Verhalten zu verstärken.

Eine klare Strukturiertheit in allen Bereichen schulischer Prozesse ist die Grundlage für die Arbeit mit positiven Verstärkern – klare, abrechenbare Ziele und Aufgaben zum Arbeits- und Sozialverhalten und ein klares Feedback vonseiten der Mitschülern und der Lehrkraft. Für uns als Lehrer bedeutet das, die individuellen Stärken, Fähigkeiten sowie Leistungen der Kinder und Jugendlichen zu beobachten und anzuerkennen. Sie sollen vor allem (ehrlich!) gelobt statt bestraft werden. Das schließt auch eine Anerkennung der individuellen Stärken der Kinder und Jugendlichen ein. Oftmals wissen sie gar nicht um ihre Stärken, weil ihnen im Lernalltag häufig nur Fehler und Schwächen aufgezeigt werden.

Zusammenfassend einige Hinweise für die Arbeit mit dem Material:

- Wen will ich erreichen: einen einzelnen Schüler, eine Kleingruppe oder die gesamte Klasse?
- Das System der positiven Verstärkung sollte den Schülern nicht übergestülpt werden, sondern mit ihnen besprochen und „ausgehandelt" werden, also Akzeptanz durch Mitbestimmung. Dabei ist zu beachten: Regeln so positiv wie möglich formulieren, kurz, verhaltensnah und altersgemäß, so wenige Ziele wie möglich, damit es überschaubar bleibt, und eine begrenzte Geltungsdauer festhalten.
- Das erwünschte Verhalten genau operationalisieren und Verbindlichkeiten genau festlegen – alle Fachlehrer und auch die Erziehungsberechtigten informieren.
- Die ausgewählte Methode muss unbedingt konsequent durchgehalten werden, sonst ist sie nicht wirksam. Die Häufigkeit der Bewertung gut überlegen und genau festlegen, z. B. jede Stunde, jeden Freitag …
- Um als Lehrkraft den Überblick zu behalten, sollten nicht zu viele Maßnahmen oder nicht zu viele Einzelverträge geplant werden.
- Bei den Materialien ist eine Anpassung auf persönliche Haltungen und Einstellungen notwendig. Die Schüler sollten individuelle Ziele finden und verfolgen, auch Einzelgespräche über Fortschritte oder Hindernisse sind wirkungsvoll.
- Während des Einsatzes der Materialien ist eine ständige Reflexion durch die Lehrkraft notwendig: Ist der Verstärker wirksam? Sollte der Anreiz erhöht werden? Kann ich eine Veränderung des Verhaltens beobachten? Dazu sollten Sie die Vereinbarungen

[2] Bodo Hartke/Robert Vrban: Schwierige Schüler – was kann ich tun? Persen Verlag, Buxtehude 2008

in eine entsprechende Präsentationsform bringen, z. B. Verträge im Klassenzimmer aufhängen und im Unterrichtsverlauf darauf hinweisen oder im Klassenbuch festhalten.
- Fortschritte und Veränderungen müssen möglich sein, diese könnte man auch bereits in den Verlaufsphasen deutlich machen. „Die Wurst darf nicht zu hoch hängen" – keiner strengt sich für Ziele an, die einem selbst unrealistisch erscheinen und keine Erfolge zeigen.
- Die Verstärker-Methoden sollten nur eine „Krücke" sein: Ein Verstärkersystem sollte sich im Laufe der Zeit selbst auflösen.

Positiver Verstärker bei Regeleinhaltung können primäre Verstärker sein (Gummibärchen), materielle Verstärker (Kramkiste, Hausaufgaben-Gutschein) oder soziale Verstärker („Warme Dusche", verbales/schriftliches Lob, Experte) etc.

Wenn die Schüler positive Äußerungen über sich selbst hören und wenn sie lernen, selbst positive Rückmeldungen zu geben, entwickelt sich in der Klasse auch eine positive Lernkultur, eine Kultur der Anerkennung. Das bedeutet, dass die Schüler eine positive Einstellung zu sich selbst entwickeln, eigene Stärken erkennen und nutzen, die eigne Leistungsfähigkeit erkennen, benennen und reflektieren.

Das vorbildliche Handeln der Schüler in den Vordergrund zu rücken und den Blick auf ihre eigenen Fähigkeiten zu schärfen, dient schließlich auch dem Ziel, eine angenehme Lernatmosphäre, ein gutes Klassenklima und eine förderliche Schulkultur zu schaffen.

Das Buch bietet umfangreiches Praxismaterial, das Pädagogen und Eltern ermutigen soll, defizitorientiertes Denken zu verlassen und ein positives Verhalten der Schüler zu steuern. Durch die Prävention störender Handlungsweisen werden sozial-emotionale Kompetenzen gefördert.

Das bedeutet im Einzelnen:
- Stärkung des Selbstkonzepts durch eine verbale oder symbolische Rückmeldung, z. B. „Warme Dusche", Schüler der Woche, das Expertenprinzip;
- ein verbindliches Regelsystem nach dem Fairness-Prinzip;
- Entschärfung von Krisenherden durch rechtzeitiges Intervenieren, d. h. bevor es zum Konflikt kommt, z. B. Auszeit, Schülersprechstunde;
- Aufbau alternativer Problemlösestrategien, z. B. Ich-Botschaften, Mobbing-Strategien;
- Reflektieren über das eigene Lernverhalten, z. B. Lerntagebuch, Verhaltenstagebuch.

Meine Erfahrungen bei der Arbeit mit dem Praxismaterial zeigen deutlich, dass sich durch eine Kultur des Lobes eine erfreuliche Entwicklung im Miteinander der Kinder und Jugendlichen vollzieht, die sich in einem positiven Lern- und Arbeitsklima äußert. Eine gute Klassengemeinschaft wächst nicht von allein wie das Unkraut im Garten. Damit sie entstehen kann, muss man säen, pflegen und manchmal auch ein wenig düngen. Dann erinnern sich die Schüler auch gut und gern an die „Blüte und Ernte". Ziel ist es, eine gute Klassengemeinschaft, ein Wirgefühl, zu entwickeln. Eine Gemeinschaft, in der sich alle sicher fühlen und mit Freude lernen können, ist die Voraussetzung für den Erfolg beim Lernen.

Dabei stellt der Einsatz des Materials nur eine mögliche nützliche und lohnende Alternative der Verhaltensmodifikation dar; es handelt sich hierbei nicht um ein „Wundermittel" der Verhaltenspädagogik.

Zum Schluss möchte ich darauf hinweisen, dass es sich bei diesen Materialien um ein Spektrum an Möglichkeiten handelt, aus dem Sie eine Auswahl treffen sollten. Einige Kopiervorlagen gibt es in unterschiedlichen Modifizierungen, damit Sie immer entsprechend Ihrer Klasse und Ihren Intentionen die passende Handhabe finden. Zudem besteht die Möglichkeit, mithilfe der beiliegenden CD die Arbeitsmaterialien zu verändern oder zum Teil in Farbe bzw. auf Farbpapier auszudrucken. Es sollte bei der Anwendung der Materialien jedoch maßgehalten werden. Bei zu vielen Handlungsmöglichkeiten verlieren die Kinder und Jugendlichen leicht den Überblick oder sie führen zur Sättigung und verfehlen den anvisierten Effekt.

Sind erwünschte Verhaltensmuster gefestigt, sollten die Verstärker nur noch gelegentlich eingesetzt werden, sonst stumpft die Belohnung ab und wird zur Selbstverständlichkeit.

Ich wünsche Ihnen viel Erfolg und eine insgesamt positive Entwicklung.

Einsatz	Material	Vorgehen/Hinweise
Klasse 5	**1 Sich besser kennenlernen** 1.1 Selbstportrait 1.2 Das bin ich (1) 1.3 Das bin ich (2) 1.4 Interview zum Kennenlernen (1) 1.5 Interview zum Kennenlernen (blanko) 1.6 Kennenlern-Mindmap 1.7 Kennenlernspiel	• Kennenlernen der neuen Mitschüler • Entwicklung von Identität • Unterstützung bei Wahrnehmung und Reflexion eigener Bedürfnisse, Gefühle und Meinungen • Toleranz trainieren, sich auf andere Menschen einlassen • Ähnlichkeiten und Gemeinsamkeiten helfen, mit Mitschülern Kontakt aufzunehmen, mit ihnen zu reden und sie besser zu verstehen; gemeinsame Themen verbinden • Kontakte aufbauen und Beziehungen pflegen • eigene Meinung äußern und auch dazu stehen, gleichzeitig Schülermeinungen akzeptieren • Wertschätzung gegenüber Mitschülern • Förderung der Selbst- und Fremdwahrnehmung • stellen ihre Hobbys, Interessen, Lieblingsbeschäftigungen etc. in einer Mindmap vor, um sich vorzustellen und den Blick auf die eigenen Ressourcen zu schärfen ***Hinweise:*** Das Interview wird in Dreiergruppen (Interviewleiter, Protokollant, Befragter) durchgeführt. Nach dem Interview wird vom Befragten die Erlaubnis eingeholt, die Inhalte des Interviews der Klasse mitzuteilen.
ab Kl. 5	**2 Gemeinschaft stärken durch positive gemeinsame Erlebnisse** 2.1 Wunsch-Runde: Gemeinsame Erlebnisse *(s. Inhalt)* 2.2 Planungsübersicht: Erlebnisse planen 2.3 Monatsübersicht: Schulveranstaltungen planen (Beispiel) 2.4 Monatsübersicht: Schulveranstaltungen planen (blanko)	• Interesse an positiven Erlebnissen in der Klasse wecken • selbstständige Planung und Durchführung angenehmer Erlebnisse • Anregung positiver selbstständiger Aktivitäten • Verantwortung für die Gruppe übernehmen, Gruppengefühl stärken • Entwicklung von Gruppenerfahrungen • Aufbau und Förderung von prosozialem Verhalten • eigene Wünsche und Meinung in die Gruppe einbringen • über positive, gemeinsame Erlebnisse reflektieren und positive, abrufbare Bilder schaffen
ab Kl. 5	**3 Stärken erfahren und einschätzen** 3.1 Stärken-Cluster 3.2 Stärken-Mindmap 3.3 Mein Stärken-Turm 3.4 Meine Stärken	• sich selbst einschätzen und sich selbst wahrnehmen, um die eigene Position im persönlichen wie im Klassenverband zu finden • lernen, sich auf positive Eigenschaften zu konzentrieren, sich selbst Gutes sagen • lernen, eigene Leistungen anzuerkennen und dadurch die Bereitschaft zu entwickeln, sich auf Unbekanntes einzulassen und sich mit Schwierigkeiten auseinanderzusetzen • über eigene positive Qualitäten Bescheid wissen und sie von anderen anerkennen zu lassen • Stärkung des Selbstbewusstseins ***Hinweise:*** Die Schüler fertigen das Cluster, die Mindmap oder den Stärken-Turm am besten zum Schuljahresbeginn an. Am Ende eines vereinbarten Zeitfensters können Stärken bestätigt oder ergänzt werden. Den Jugendlichen fällt es meist nicht leicht, sich über ihre bereits erworbenen Talente und Fähigkeiten zu äußern. Die Reflexion ist ungewohnt und fällt zunächst schwer. Durch die Visualisierung soll der Blick auf die eigenen Stärken geschärft werden. Die Jugendlichen finden eine positive Einstellung zu sich selbst, erkennen eigene Leistungen an und werden bestärkt, sich auf Unbekanntes einzulassen und sich mit Schwierigkeiten auseinanderzusetzten.

Einsatz	Material	Vorgehen/Hinweise
ab Kl. 5	**4 Arbeits- und Sozialverhalten: Ziele und Einschätzungen** 4.1 Selbsteinschätzung des Sozialverhaltens 4.2 Selbsteinschätzung des Arbeitsverhaltens 4.3 Arbeitsauftrag (blanko) 4.4 Mein Arbeitsauftrag/Auswertung 4.5 Dein Ziel (blanko) 4.6 Meine Ziele (1) 4.7 Meine Ziele (2) 4.8 Wocheneinschätzung/Schüler 4.9 Wocheneinschätzung/Lehrkraft 4.10 Positives Wochen-Feedback 4.11 Verhaltenstagebuch (1) 4.12 Verhaltenstagebuch (2) 4.13 Verhaltenstagebuch (blanko) 4.14 Einschätzung: Besondere Aufgaben (blanko)	• Reflexionsfähigkeit und Verantwortung für die Gruppe werden entwickelt • die Fähigkeiten der Selbstbeobachtung und -einschätzung werden trainiert • positives Verhalten der Schüler beibehalten, stärken und anerkennen • Feedback der Lehrkraft und der Gruppe über Verhaltenserwartung • Anregungen zur realistischen Zielsetzung des Schülers, um Misserfolge zu vermeiden ***Hinweise:*** In der *sozialen Stunde* wird wöchentlich gemeinsam mit den Schülern ein soziales Ziel und ein Ziel im Arbeitsverhalten formuliert und an der Pinnwand präsentiert. Gleichzeitig können sich die Schüler eine vorher vereinbarte Belohnung auswählen. Bei erfolgreicher Umsetzung der Aufträge muss die vorher vereinbarte Belohnung erfolgen. Verhaltenstagebuch: Die Schüler schätzen eine Woche lang am Ende des Schultages ihr Verhalten nach vorher vereinbarten Kriterien ein. Die Selbsteinschätzung erfolgt durch Ankreuzen des Smileys. Zur Auswertung der Selbsteinschätzung können sie ihre Einschätzung den Mitschülern präsentieren und sich ein Feedback einholen (vergleiche Seite 52 bis 54; *Warme Dusche*).
ab Kl. 5	**5 Gutscheine und Belobigungen** 5.1 Gutscheine für die freundlichen 10 Minuten 5.2 Anerkennungs- und Bestätigungskärtchen (1) 5.3 Anerkennungs- und Bestätigungskärtchen (2) 5.4 Anerkennungs- und Bestätigungskärtchen (3) 5.5 Anerkennungs- und Bestätigungskärtchen (blanko) 5.6 Hausaufgaben-Gutscheine 5.7 Expertenkärtchen für Mädchen und Jungen 5.8 Expertenkärtchen (blanko) 5.9 Experten-Ansteckkarten (blanko)	• ressourcen-orientiertes Arbeiten • durch die positive Verstärkung eines angemessenen schulischen Verhaltens verringert sich die Häufigkeit von regelwidrigem Verhalten • positives Verhalten, Aktivtäten und Handlungen der Schüler würdigen, um wertschätzende Beziehungen zwischen dem Jugendlichen und der erziehenden Personen zu schaffen • Aufbau persönlicher Beziehungen • Experten bringen Sachkompetenz in den Unterricht ein. Sie erhalten die Bestätigung, dass eigene Leistungen erkannt und in der Gemeinschaft gebraucht werden.
ab Kl. 5	**6 Warme Dusche** 6.1 Warme Dusche Einstieg 6.2 Warme Dusche (blanko) 6.3 Warme-Dusche-Karten 6.4 Poster: Schüler/-in der Woche	Bei der „Warmen Dusche" bekommen die Schüler ausschließlich positive Rückmeldungen von ihren Mitschülern. Ihnen wird verdeutlicht, dass ihr aktuell gezeigtes Verhalten und die eingebrachten Anstrengungen und Leistungen richtig sind. Der Einstieg erläutert den Kindern die Vorgehensweise. Die Blanko-Vorlage kann für die „Warme Dusche" eines bestimmten Schülers ausgefüllt werden. Die benötigten Warme-Dusche-Karten werden ausgeschnitten und auf das Plakat (Schüler der Woche) geklebt. ***Hinweise:*** Die „Warme Dusche" hilft bei der Aktivierung des positiven Verhaltens und fördert prosoziales Verhalten.

Einsatz	Material	Vorgehen/Hinweise
ab Kl. 5	**7 Zu einem freundlichen Miteinander** 7.1 Ich-Botschaften: Einstieg 7.2 Vom Du-Satz zum Ich-Satz 7.3 Die Bausteine der Ich-Botschaft 7.4 Ich-Botschaften-Training 7.5 Ich-Botschaften-Training (blanko) 7.6 Wunsch-Runde 7.7 Wunsch-Cluster (blanko)	Die Jugendlichen lernen, Streit zu vermeiden, indem sie das Aussprechen von *Ich-Botschaften* trainieren. Der Einstieg sensibilisiert die Schüler für die Verletzung von Gefühlen bei Schuldzuweisungen und Beschimpfungen. Die folgenden Arbeitsblätter trainieren das Formulieren der *Ich-Botschaften* und helfen bei deren Verinnerlichung. ***Hinweise:*** *Ich-Botschaften* helfen, die Gesprächsbereitschaft zu erhalten. Die Schüler lernen, das eigene Verhalten zu reflektieren. Parallel werden ihre sozialen und kommunikativen Fertigkeiten gefördert.
ab Kl. 5	**8 Lerntagebücher** 8.1 Lerntagebuch: Mindmap 8.2 Mindmap (blanko) 8.3 Hausaufgaben-Tagebuch	Lerntagebücher/Lernprotokolle werden zur Stärkung der persönlichen Lernkompetenzen und Lernautonomie eingesetzt. Die Jugendlichen sollen gezielt über das eigene Lernen nachdenken, gesteckte Ziele überprüfen, dokumentieren bzw. visualisieren. Sie sollen lernen, Schlussfolgerungen für die eigene Lernpraxis zu ziehen und sie möglicherweise zu verändern. Gleichzeitig fördert es die Selbstwahrnehmung und Reflexionsfähigkeit der Jugendlichen. Am Ende der Woche erhalten sie die Gelegenheit, der Lehrkraft, den Eltern, der Klasse oder der Gruppe ihre Wochenergebnisse zu präsentieren und erfahren Anerkennung und Wertschätzung ihrer Leistungen. ***Hinweise:*** Die Handhabung des Lerntagebuches sowie dessen Zielsetzung sollte mit den Eltern thematisiert und den Fachlehrern abgesprochen sein. Die Dokumentation kann bei der Erstellung individueller Förderpläne genutzt werden und gibt Aufschluss über Stärken der Jugendlichen sowie über bereits erreichte Ziele.
	9 Schilder und Feedback-Karten 9.1 Schild/Übersicht: Hausaufgaben-Wegweiser, Auszeit, Stopp 9.2 Feedback-Karten/Übersicht → Alle auf CD	Schild: ***Auszeit*** Jeder Schüler sollte ein *Auszeit-Schild* herstellen. Durch das Hochhalten des Schildes können die Jugendlichen eigenverantwortlich eine Auszeit für eine vereinbarte Zeitspanne wählen. Das Schild verschafft Gelegenheit zum „Abkühlen“ bzw. zum Beruhigen. Es soll vor dem Ausbruch eines drohenden Wutanfalls zum Einsatz kommen. Schild: ***STOPP*** ***Feedback-Karten*** Die Karten können eingesetzt werden nach der Pause bzw. nach Konflikten: • zum Verbalisieren von Gefühlen • zum Verbalisieren von positiven Erlebnissen • zum Signalisieren der Problembeschreibung bzw. Kommunikationsverweigerung Die Karten können auch in Form eines Gefühlsbarometers im Klassenraum angebracht werden. Schüler, die ein positives oder negatives Gefühl mitteilen möchten, können ihr Namensschild zu der entsprechenden Karte hängen. Damit signalisieren sie, dass sie über ihre Gefühle sprechen wollen.

Einsatz	Material	Vorgehen/Hinweise
ab Kl. 6	**10 Mobbing** 10.1 Erst nachdenken – dann schreiben 10.2 Mobbing – Wie kann man sich helfen? 10.3 Mobbing und Gefühle 10.4. Mein Lieblingssong 10.5 Umgang mit Beleidigungen 10.6 Eine Umfrage mit Auswertung 10.7 Mobbing-Tagebuch 10.8 Übersicht zur Erfassung eines Mobbingfalls 10.9 Anmeldung zur Schülersprechstunde	Die Auseinandersetzung mit dem Thema Mobbing soll als universelle Präventionsmaßnahme verstanden werden. Dadurch soll unerwünschtem Verhalten entgegengewirkt werden. Bei der Auseinandersetzung mit dem Thema Mobbing erfahren die Jugendlichen, dass Mobbing eine Form von Gewalt ist. Die Folgen des Mobbings können zu Leistungsproblemen, Schulangst, psychosomatischen Beschwerden und letztlich zu einer depressiven Entwicklung mit Suizidgedanken bei den Betroffenen führen. Die Jugendlichen sollen Mitgefühl, Hilfsbereitschaft, Einfühlungsvermögen gegenüber Mobbingopfern und gegenüber ihren Mitschülern entwickeln. Andere akzeptieren, positives Verhalten würdigen, führt zu einer Kultur der Anerkennung.
	11 Verhaltensverträge 11.1 Individueller Verhaltensvertrag (blanko) 11.2 Individueller Verhaltensvertrag (Beispiel) 11.3 Formulierungsvorschläge für einen Verhaltensvertrag	• Die Schüler treffen eine zeitlich begrenzte Verhaltensabsprache, indem sie einen Vertrag unterschreiben. Es geht dabei um regelverletzendes Verhalten wie Unpünktlichkeit, Verwenden von Schimpfwörtern oder das gewaltsame Lösen von Konflikten. Die Vertragsformulierungen werden gemeinsam erarbeitet, ebenso die Konsequenzen bei Nichteinhaltung bzw. die Belohnung bei Einhaltung (siehe Seite 42).
	12 Kriterien zur Einschätzung des Arbeits- und Sozialverhaltens	

Lieblingsfilme und Lieblingsfernsehsendungen:

Hobbys:

Meine Songs:

Freunde:

Name:

Alter:

Meine Geschwister:

(Foto)

Lieblingsfach in der Schule:

Das bin ich (1)

Stolz
Ich bin stolz darauf, dass

Begeisterung
Ich bin begeistert, wenn

Freude
Ich freue mich, wenn

Mut
Ich fühle mich mutig, wenn

Name:

Ich bin:

-
-
-
-
-
-

Ärger
Ich ärgere mich, wenn

Wut
Ich werde wütend, wenn

Hass
Ich hasse es, wenn

Mein coolster Spruch oder Witz:

Das bin ich (2)

1 Kennzeichne drei wichtige Stationen deines Lebens.

2 Schreibe dein Alter auf.

3 Berichte über Erlebnisse dieser Zeit.

4 Notiere Stichpunkte dazu.

Datum: ____________________

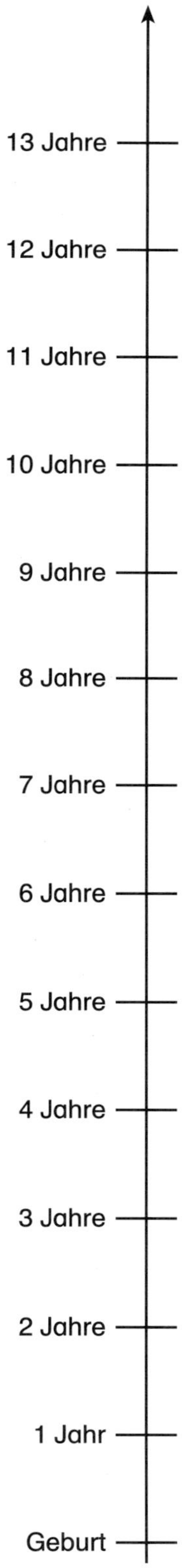

Alter: ________________

Alter: ________________

Alter: ________________

1.4 Interview zum Kennenlernen

Wähle aus und ergänze kurz ein paar Angaben.

Mein Traumfreund

Spongebob

Spider

--- beim Interview den oberen Teil knicken ---

Name der Schülerin/des Schülers: ____________________

Interviewer: ____________________

Protokollführer: ____________________

Stelle deiner Gesprächspartnerin/ deinem Gesprächspartner folgende **Interviewfragen**	Notiere ihre/seine **Antworten**
1. Wen würdest du dir als **Freundin/ Freund** aussuchen?	
2. Was **bewunderst** du an ihr/ihm?	
3. Was würdest du sie/ihn **fragen**, wenn du sie/ihn treffen würdest?	
4. Was würdest du mit ihr/ihm an einem **freien Tag** unternehmen?	
5. Wen würdest du noch an diesem Tag **mitnehmen**?	
6. Was würdest du gern von ihr/ihm lernen?	

Ellen Kraft: Positive Verstärker für den Schulalltag 5./6. Klasse

1 Schreibe deine Vorbilder in die Namensschilder.

2 Wähle ein Vorbild aus und ergänze kurz ein paar Angaben.

beim Interview den oberen Teil knicken

Name der Schülerin/des Schülers: ______________________

Interviewer: ______________________

Protokollführer: ______________________

Stelle deiner Gesprächspartnerin/ deinem Gesprächspartner folgende **Interviewfragen**	Notiere ihre/seine **Antworten**
1. Wen würdest du dir als **Freundin/ Freund** aussuchen?	
2. Was **bewunderst** du an ihr/ihm?	
3. Was würdest du sie/ihn **fragen**, wenn du sie/ihn treffen würdest?	
4. Was würdest du mit ihr/ihm an einem **freien Tag** unternehmen?	
5. Wen würdest du noch an diesem Tag **mitnehmen**?	
6. Was würdest du gern von ihr/ihm lernen?	

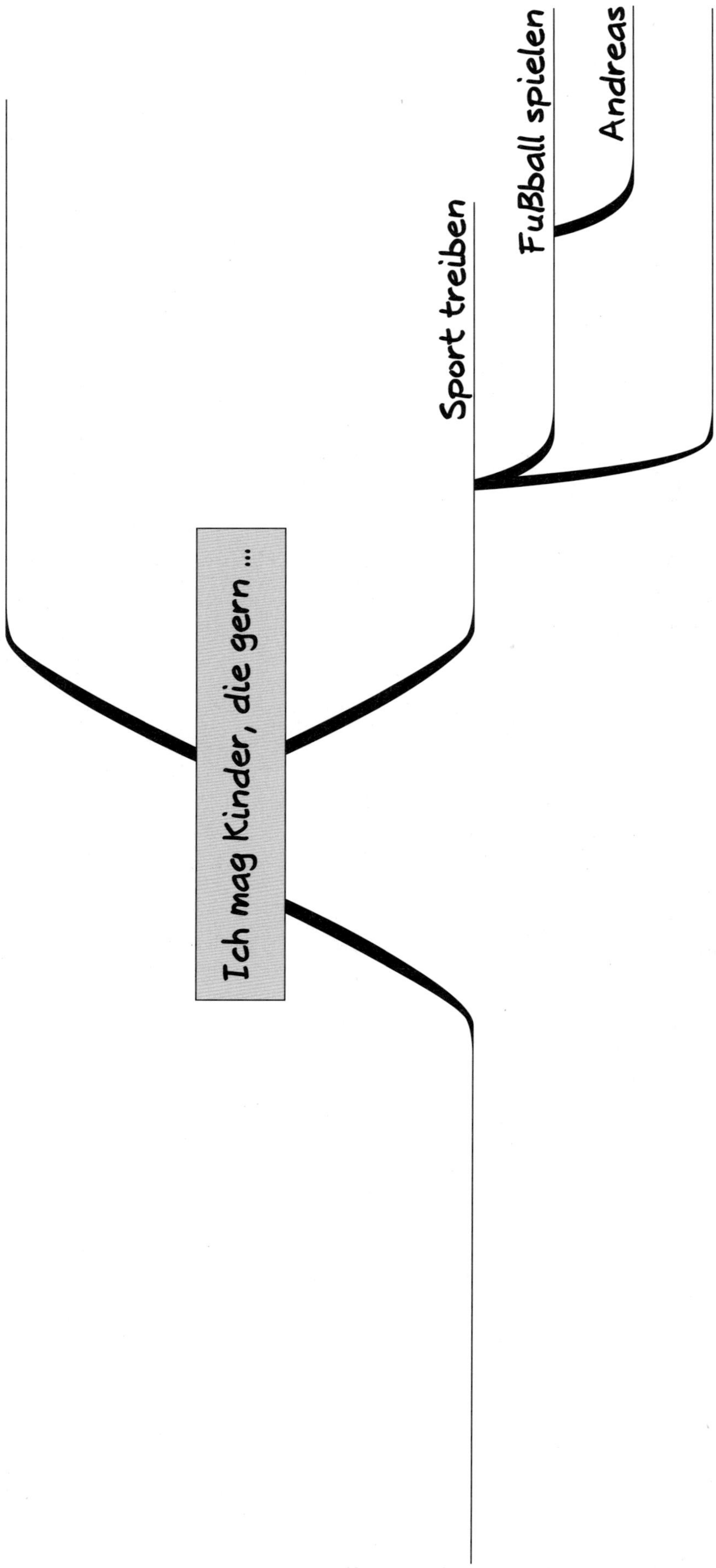
Ich mag Kinder, die gern …
Sport treiben
Fußball spielen
Andreas

Kennenlernspiel

Ziel des Spieles:
- spielerisches Kennenlernen
- ins Gespräch kommen/ „das Eis brechen“

Material:
- Moderationskarten mit Fragen zum Thema Kennenlernen
- CD-Player
- Musik-CD (nach Geschmack der Klasse)

Durchführung:
Jede Schülerin und jeder Schüler zieht ein Fragekärtchen. Die Klasse teilt sich möglichst in zwei gleich große Gruppen. Diese Gruppen bilden einen inneren und äußeren Kreis und laufen mit beginnender Musik in unterschiedlichen Richtungen im Kreis. Stoppt die Musik, stellen sich die gegenüberstehenden Schüler jeweils die Frage auf dem Kärtchen bzw. beantworten die Frage des Partners. Mit wieder einsetzender Musik verabschieden sich die Partner mit: **„Bye, see you later …“**

Welche Ausrede benutzt du, wenn du in den Ferien *Rasen mähen* musst?	Wie viele *Videos* stehen in deinem Regal?	Was würdest du tun, um deine Freundin/ deinen Freund *aufzuheitern*?	Was *tust* du in den *Ferien* am liebsten?
Welche zwei *Wünsche* würdest du dir von einer guten Fee erfüllen lassen?	Wenn du *Schulleiter* wärst, was würdest du tun?	Welche *Fernsehsendung* würdest du niemals anschauen?	Welcher *Star/Promi* wärst du gern?
Was würdest du gern mit deinen *Freunden unternehmen?*	Welches *Gericht* kannst du kochen?	Was kann dich richtig *nerven*?	Welche *Sportart* würdest du gern können?
In welchem Land würdest du gern *Urlaub* machen?	Welches *Buch* würdest du verschenken?	Wie viele Kugeln *Eis* schaffst du auf einmal?	Was würdest du gern einmal *anziehen*?
Welche *Sportart* findest du gut?	Was *isst* du besonders gern?	Welches *Spiel* spielst du gern?	Welche *Musik* magst du?
Würdest du eine *Sonnenbrille* im Unterricht aufsetzen?	Welchen *Kinofilm* hast du dir zuletzt angesehen?	Welchen *Kuchen* hast du schon gebacken?	Was ist das *Beste* an der Schule?
Worüber kannst du dich so richtig *freuen*?	Was *ärgert* dich richtig?	Was findest du *spannend*?	Was möchtest du *später* einmal *werden*?

Lies die Aussagen in den Sprechblasen.

Welche gemeinsamen Erlebnisse wünschst du dir? Schreibe sie auf.

Erlebnisse planen

1 Welche Ausflüge oder andere Veranstaltungen schlägst du für das neue Schuljahr vor?

2 Trage deine Vorschläge in die Liste ein.

3 Suche dir Mitschülerinnen und Mitschüler, die deinen Vorschlag gut finden. Ergänzt die Spalten zur Organisation.

Vorschläge	Verantwortliche Schülerinnen und Schüler	Aufgaben	erledigt bis
	1. 2. 3. 4.	1. 2. 3. 4.	
	1. 2. 3. 4.	1. 2. 3. 4.	
	1. 2. 3. 4.	1. 2. 3. 4.	
	1. 2. 3. 4.	1. 2. 3. 4.	

Monat: September

Aufgaben und Ämter

1. Woche:
- Fegedienst: Alexander, Stina
- Tafeldienst: Ludwig, Tom
- Klassenbuchdienst: September: Mike

- Themenvorschläge für die Soziale Stunde abgeben

GEBURTSTAG:
Ramon

2. Woche:
- Fegedienst: Daniel, Felicia
- Tafeldienst: Christian, Aniela
- Klassenbriefkasten gestalten: Anne, Nora, Emma, Ulf

16.9. Referat Biologie: Rauchen
Eric, Tim

3. Woche:
- Fegedienst: Jana, René
- Tafeldienst: Lina, Tim
- Bericht Altstadtlauf

19.9. Mathetest
21.9. Referat Biologie: Erste Hilfe
Andre, Lauri

GEBURTSTAG:
Steffi

4. Woche:
- Fegedienst: Stefan, Nadine
- Tafeldienst: Eric, Steven
- Planung und Organisation der Schulübernachtung 15:00 Uhr bei Tim

Ailin: Vorschläge der Mitschüler mitbringen

1
2
3
4
5
6
7
8
9
10
11
12
13
14
15
16
17
18
19
20
21
22
23
24
25
26
27
28
29
30
31

Termine: Schulveranstaltungen

- 9:00 Uhr Schülerratssitzung, Raum 5
- Auswahl der AGs

- Abgabe des Berichts für die Schülerzeitung
- Soziale Stunde/Wahl der Klassensprecher

- 19:00 Uhr Disko 7.-10. Klasse
- Organisation Flohmarkt
- Abgabe Anmeldeformular Altstadtlauf

- Projektwoche 26.09. bis 30.9.
- 27.9. um 20:00 Uhr Elternabend
- Vorbereitungstreffen: Skireise

Monat: ______________________________

Aufgaben und Ämter

1. Woche:

2. Woche:

3. Woche:

4. Woche:

1
2
3
4
5
6
7
8
9
10
11
12
13
14
15
16
17
18
19
20
21
22
23
24
25
26
27
28
29
30
31

Termine: Schulveranstaltungen

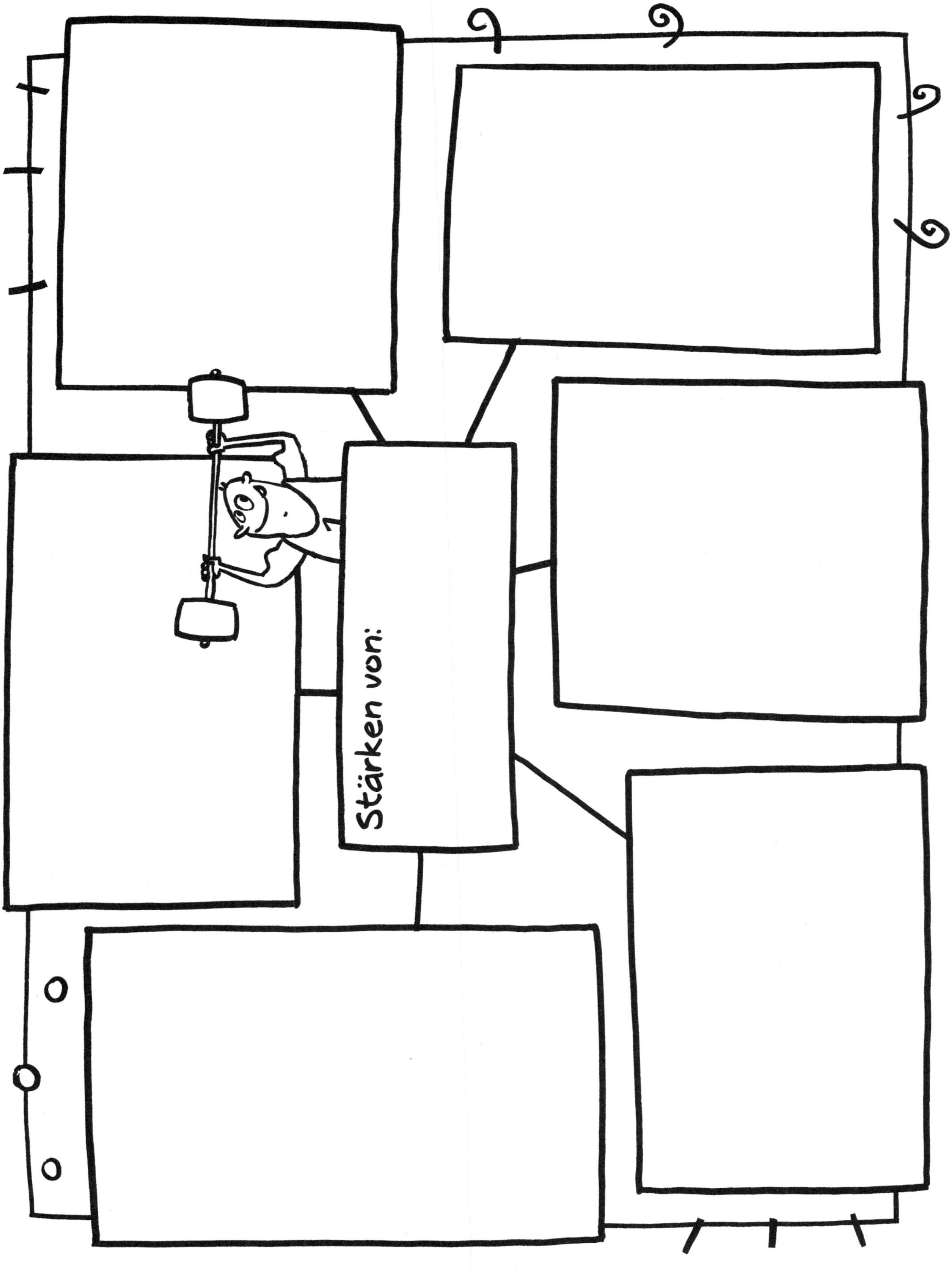
Stärken von:

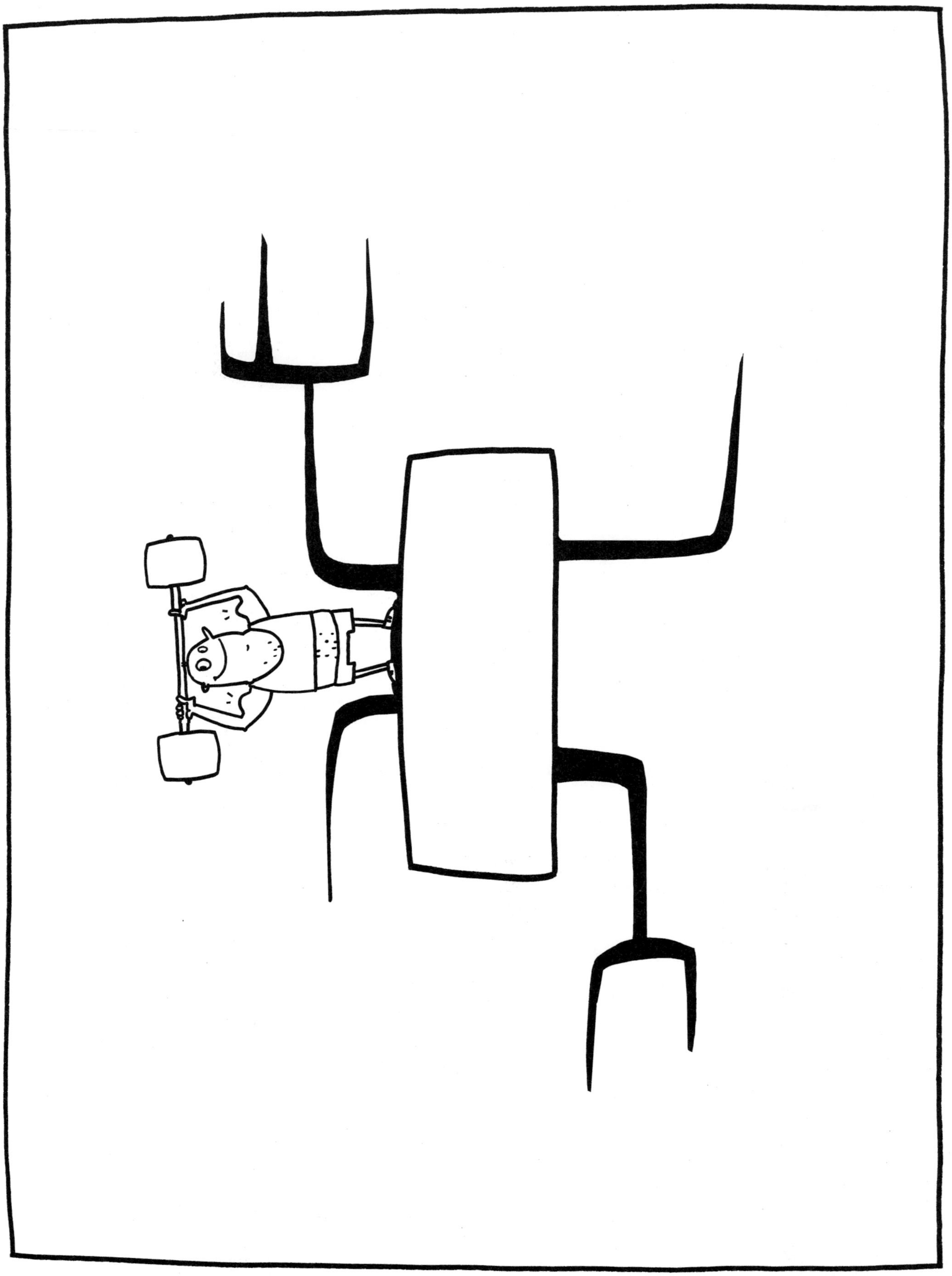

Mein Stärken-Turm

1 Worauf bist du richtig stolz?

2 Schreibe deine Stärken in die Bauteile des Turmes.

3 Schneide die Teile aus und gestalte dein Stärken-Poster.

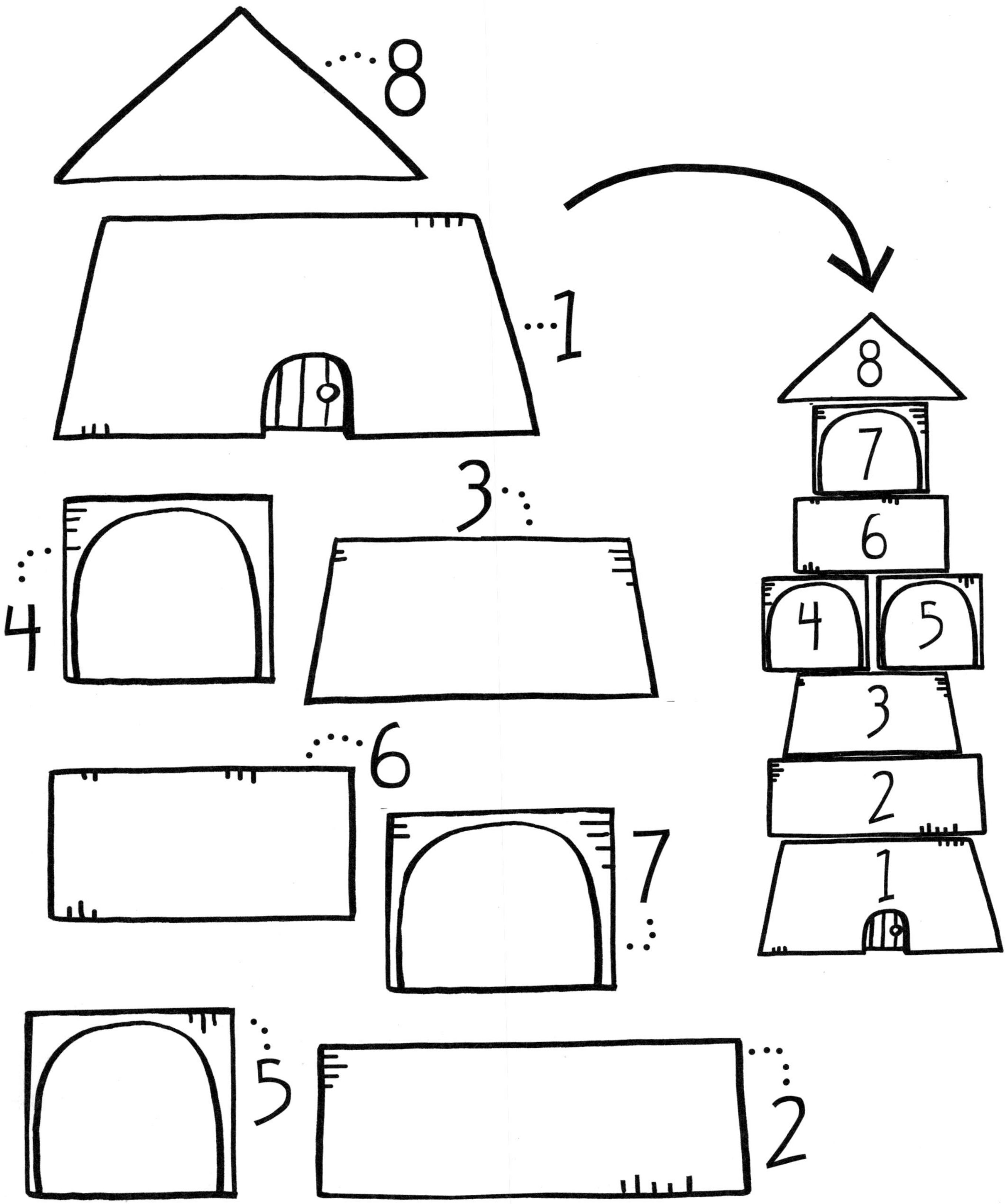

Meine Stärken

Sozialverhalten

- ☐ Rücksichtnahme
- ☐ Teamfähigkeit
- ☐ gewaltfreises Lösen von Konflikten
- ☐ anderen zuhören
- ☐ andere trösten
- ☐ andere ausreden lassen
- ☐ mit anderen mitfühlen
- ☐ Streit schlichten
- ☐ Regeln einhalten
- ☐ ...

Freizeitbeschäftigung

- ☐ Sport treiben, wie ...
- ☐ malen
- ☐ fotografieren
- ☐ lesen, z. B. ...
- ☐ am Computer spielen
- ☐ Musik hören
- ☐ ein Instrument spielen
- ☐ Geschichten schreiben
- ☐ Theaterspielen
- ☐ mit Freunden/Freundinnen treffen
- ☐ ...

Experte im Fach

- ☐ Deutsch
- ☐ Mathematik
- ☐ Englisch
- ☐ Erdkunde
- ☐ Biologie/Nawi
- ☐ Geschichte
- ☐ Religion
- ☐ Kunst
- ☐ Musik
- ☐ Sport
- ☐ Werken
- ☐ Textiles Gestalten

Experte bei dem Unterrichtsthema

____

____

Das kann ich noch:

____

____

Name: ______________________ Datum: ____________

☐ Erstanfertigung ☐ Folgeanfertigung

Bewertungskriterien

1	2	3	4	5
sehr oft	oft	manchmal	selten	nie

1 Schätze dein Sozialverhalten ein. Kreuze an.

2 Leite aus deiner Bewertung Ziele für dich ab. Zeitraum: ______________________

Kompetenzbereiche des Sozialverhaltens					
Verhalten (allgemein)					
1. Pünktlichkeit: Schulbeginn	1	2	3	4	5
2. Pünktlichkeit: nach der Pause	1	2	3	4	5
3. friedliches Pausenverhalten	1	2	3	4	5
4. Einhaltung der Gesprächsregeln	1	2	3	4	5
Kooperationsfähigkeit					
1. vereinbarte Regeln einhalten	1	2	3	4	5
2. Arbeitsaufträge/Vorschläge im Team abstimmen	1	2	3	4	5
3. Leistungen anderer anerkennen	1	2	3	4	5
4. Hilfen annehmen	1	2	3	4	5
Umgang mit Mitschülerinnen und Mitschülern					
1. kameradschaftliches Verhalten	1	2	3	4	5
2. Verhalten, Meinungen, Aussehen anderer respektieren	1	2	3	4	5
3. freundschaftlich sein und Kontakte pflegen	1	2	3	4	5
4. Hilfsbereitschaft zeigen	1	2	3	4	5
Konfliktverhalten					
1. Kritik sachlich begründen	1	2	3	4	5
2. Kritik an eigenem Verhalten annehmen	1	2	3	4	5
3. Konflikte mit Ich-Botschaften lösen	1	2	3	4	5
4. Ideen zur Konfliktlösung einbringen	1	2	3	4	5
Reflexionsfähigkeit					
1. eigenes Verhalten reflektieren	1	2	3	4	5
2. Verhalten anderer reflektieren	1	2	3	4	5
Verantwortungsbewusstsein					
1. Aufgaben/Ämter/Pflichten für die Gruppe übernehmen	1	2	3	4	5
2. gemeinsam Lösungen für die Belange der Gruppe suchen	1	2	3	4	5
3. Entscheidungen über Belange der Klasse mittragen	1	2	3	4	5

Name: ______________________ Datum: ______________

☐ Erstanfertigung ☐ Folgeanfertigung

Bewertungskriterien

1	2	3	4	5
sehr oft	oft	manchmal	selten	nie

1 Schätze dein Arbeitsverhalten ein. Kreuze an.

2 Leite aus deiner Bewertung Ziele für dich ab. Zeitraum: ______________

Kompetenzbereiche des Arbeitsverhaltens					
Sorgfalt und Ausdauer					
1. konzentriert arbeiten	1	2	3	4	5
2. sorgfältig arbeiten	1	2	3	4	5
3. Hefte und Mappen gewissenhaft führen	1	2	3	4	5
4. verantwortungsbewusst mit Schuleigentum umgehen	1	2	3	4	5
5. Hausaufgaben vollständig anfertigen	1	2	3	4	5
Ziel- und Ergebnisorientierung					
1. schwierige Aufgaben bearbeiten	1	2	3	4	5
2. schwierige Aufgaben zu Ende führen	1	2	3	4	5
3. Selbstkontrolle durchführen	1	2	3	4	5
4. eigene Fehler verbessern	1	2	3	4	5
Verlässlichkeit					
1. schulische Aufgaben termingerecht erledigen	1	2	3	4	5
2. Hausaufgaben termingerecht anfertigen	1	2	3	4	5
3. Stifte, Hefte, Mappen etc. sind vorhanden	1	2	3	4	5
Selbstständigkeit					
1. Arbeitstechniken beherrschen, z. B. Tabellen anlegen, wichtige Informationen hervorheben	1	2	3	4	5
2. Aufgabenstellungen selbstständig lesen	1	2	3	4	5
3. Aufgaben selbstständig bearbeiten	1	2	3	4	5
4. eigene Lösungsvorschläge/Ideen einbringen	1	2	3	4	5

Arbeitsauftrag für ____________________

Das kannst du verbessern:

____

____

Arbeitsauftrag für ____________________

Das kannst du an deinem Verhalten ändern:

____

____

Arbeitsauftrag für ____________________

Das kannst du beim Arbeiten verändern:

____

____

Mein Arbeitsauftrag:

So habe ich meinen Arbeitsauftrag erfüllt:

- ☐ Ich habe meinen Arbeitsauftrag gut erfüllt.
- ☐ Ich habe mich bemüht, meinen Arbeitsauftrag zu erfüllen, und arbeite weiter daran.
- ☐ Ich habe meinen Arbeitsauftrag nicht erfüllt.

Unterschrift der Schülerin/des Schülers

Unterschrift der Eltern

Mein Arbeitsauftrag:

So habe ich meinen Arbeitsauftrag erfüllt:

- ☐ Ich habe meinen Arbeitsauftrag gut erfüllt.
- ☐ Ich habe mich bemüht, meinen Arbeitsauftrag zu erfüllen, und arbeite weiter daran.
- ☐ Ich habe meinen Arbeitsauftrag nicht erfüllt.

Unterschrift der Schülerin/des Schülers

Unterschrift der Eltern

Dein Ziel

Name: ______________________ für die Woche vom ______________________ bis ______________________

____

____

Dein Ziel

Name: ______________________ für die Woche vom ______________________ bis ______________________

____

____

Dein Ziel

Name: ______________________ für die Woche vom ______________________ bis ______________________

____

____

Woche vom ____________ bis ____________	Name: ____________
Soziales Ziel	____________ ____________
Arbeitsverhalten	____________ ____________
Belohnung/Gutschein	Selbsteinschätzung: 1 2 3 4 5 ____________ Lehrereinschätzung: 1 2 3 4 5 ____________

Woche vom ____________ bis ____________	Name: ____________
Soziales Ziel	____________ ____________
Arbeitsverhalten	____________ ____________
Belohnung/Gutschein	Selbsteinschätzung: 1 2 3 4 5 ____________ Lehrereinschätzung: 1 2 3 4 5 ____________

Bewertungskriterien: 1 = sehr oft 2 = oft 3 = manchmal 4 = selten 5 = nie

S = Selbsteinschätzung / L= Lehrkraft

Woche vom ______ bis ______ Name: ______	
Soziales Ziel	
Arbeits-verhalten	
Belohnung/ Gutschein	Selbsteinschätzung: 1 2 3 4 5 Lehrereinschätzung: 1 2 3 4 5

Woche vom ______ bis ______ Name: ______	
Soziales Ziel	
Arbeits-verhalten	
Belohnung/ Gutschein	Selbsteinschätzung: 1 2 3 4 5 Lehrereinschätzung: 1 2 3 4 5

Woche vom ______ bis ______ Name: ______	
Soziales Ziel	
Arbeits-verhalten	
Belohnung/ Gutschein	Selbsteinschätzung: 1 2 3 4 5 Lehrereinschätzung: 1 2 3 4 5

Woche vom ______ bis ______ Name: ______	
Soziales Ziel	
Arbeits-verhalten	
Belohnung/ Gutschein	Selbsteinschätzung: 1 2 3 4 5 Lehrereinschätzung: 1 2 3 4 5

Bewertungskriterien: 1 = sehr oft 2 = oft 3 = manchmal 4 = selten 5 = nie

S = Selbsteinschätzung / L= Lehrkraft

Woche vom ____________ **bis** ____________ **Name:** ____________________

Sozialverhalten						
freundschaftlich sein und Kontakte pflegen	S:	1	2	3	4	5
	L:	1	2	3	4	5
Verhalten, Meinungen, Aussehen anderer respektieren	S:	1	2	3	4	5
	L:	1	2	3	4	5
friedliches Pausenverhalten	S:	1	2	3	4	5
	L:	1	2	3	4	5
Aufgaben/Ämter/Pflichten für die Gruppe übernehmen	S:	1	2	3	4	5
	L:	1	2	3	4	5
vereinbarte Regeln einhalten	S:	1	2	3	4	5
	L:	1	2	3	4	5
Pünktlichkeit nach der Pause	S:	1	2	3	4	5
	L:	1	2	3	4	5

Arbeitsverhalten						
konzentriert arbeiten	S:	1	2	3	4	5
	L:	1	2	3	4	5
sorgfältig arbeiten	S:	1	2	3	4	5
	L:	1	2	3	4	5
Aufgaben selbstständig bearbeiten	S:	1	2	3	4	5
	L:	1	2	3	4	5
Arbeitsmaterial: Stifte, Hefte, Mappen etc. sind vorhanden	S:	1	2	3	4	5
	L:	1	2	3	4	5
Hausaufgaben termingerecht anfertigen	S:	1	2	3	4	5
	L:	1	2	3	4	5
Hausaufgaben vollständig anfertigen	S:	1	2	3	4	5
	L:	1	2	3	4	5

In dieser Woche ist mir **gut gelungen**:

____

____

____

____

____

____

Bewertungskriterien: 1 = sehr oft 2 = oft 3 = manchmal 4 = selten 5 = nie

S = Selbsteinschätzung / L= Lehrkraft

Woche vom ________________ **bis** ________________ **Name:** ______________________

Sozialverhalten						
freundschaftlich sein und Kontakte pflegen	S:	1	2	3	4	5
	L:	1	2	3	4	5
Verhalten, Meinungen, Aussehen anderer	S:	1	2	3	4	5
respektieren	L:	1	2	3	4	5
friedliches Pausenverhalten	S:	1	2	3	4	5
	L:	1	2	3	4	5
Aufgaben/Ämter/Pflichten für die Gruppe	S:	1	2	3	4	5
übernehmen	L:	1	2	3	4	5
vereinbarte Regeln einhalten	S:	1	2	3	4	5
	L:	1	2	3	4	5
Pünktlichkeit nach der Pause	S:	1	2	3	4	5
	L:	1	2	3	4	5

Arbeitsverhalten						
konzentriert arbeiten	S:	1	2	3	4	5
	L:	1	2	3	4	5
sorgfältig arbeiten	S:	1	2	3	4	5
	L:	1	2	3	4	5
Aufgaben selbstständig bearbeiten	S:	1	2	3	4	5
	L:	1	2	3	4	5
Arbeitsmaterial:	S:	1	2	3	4	5
Stifte, Hefte, Mappen etc. sind vorhanden	L:	1	2	3	4	5
Hausaufgaben termingerecht anfertigen	S:	1	2	3	4	5
	L:	1	2	3	4	5
Hausaufgaben vollständig anfertigen	S:	1	2	3	4	5
	L:	1	2	3	4	5

In dieser Woche ist dir **gut gelungen**:

____

____

____

____

____

____

Bewertungskriterien: 1 = sehr oft 2 = oft 3 = manchmal 4 = selten 5 = nie

S = Selbsteinschätzung / L= Lehrkraft

4.10 Positives Wochen-Feedback

Woche vom ______________________ **bis** ______________________

Name: ____

Unterrichtsfach	Das ist mir in dieser Woche gut gelungen
Mathematik	
Deutsch	
Englisch	
Biologie	
Erdkunde	
Geschichte	
Sport	
Religion	
Musik	

(Meine Unterschrift)

(Unterschrift der Eltern)

Verhaltenstagebuch von ______________________

Woche vom ______________________ **bis** ______________________

	Pünktlichkeit		Hausaufgaben erledigt		Verhalten in den Pausen		Verhalten im Unterricht		Arbeitsmaterial vorhanden		Unterschrift der Lehrkraft
Montag											
Dienstag											
Mittwoch											
Donnerstag											
Freitag											

Verhaltenstagebuch von ____________________

Woche vom ____________________ bis ____________________

	Verhalten in den Pausen	Verhalten im Unterricht	Pünktlichkeit	Freundlichkeit	Selbst-ständigkeit	Unterschrift der Lehrkraft
Montag	1 2 3 4 5 6	1 2 3 4 5 6	1 2 3 4 5 6	1 2 3 4 5 6	1 2 3 4 5 6	
Dienstag	1 2 3 4 5 6	1 2 3 4 5 6	1 2 3 4 5 6	1 2 3 4 5 6	1 2 3 4 5 6	
Mittwoch	1 2 3 4 5 6	1 2 3 4 5 6	1 2 3 4 5 6	1 2 3 4 5 6	1 2 3 4 5 6	
Donnerstag	1 2 3 4 5 6	1 2 3 4 5 6	1 2 3 4 5 6	1 2 3 4 5 6	1 2 3 4 5 6	
Freitag	1 2 3 4 5 6	1 2 3 4 5 6	1 2 3 4 5 6	1 2 3 4 5 6	1 2 3 4 5 6	

Verhaltenstagebuch von ______________________

Woche vom ______________________ **bis** ______________________

											Unterschrift der Lehrkraft
Montag											
Dienstag											
Mittwoch											
Donnerstag											
Freitag											

Besondere Aufgaben

Datum ____________

Aufgaben	Erledigt am	Bemerkung	Einschätzung

Besondere Aufgaben

Datum ____________

Aufgaben	Erledigt am	Meine Einschätzung	Einschätzung der Klasse

Die freundlichen 10 Minuten

Prima, du hast dir 10 Minuten am Computer verdient.

(Name)

Die freundlichen 10 Minuten

Prima, du hast Zeit zum Lesen.

(Name)

Die freundlichen 10 Minuten

Prima, du darfst Musik hören.

(Name)

Die freundlichen 10 Minuten

Prima, du …

(Name)

Die freundlichen 10 Minuten

Prima, du …

(Name)

Die freundlichen 10 Minuten

Prima, du …

(Name)

Du strengst dich wirklich sehr an beim Lernen. Mach weiter so!

____
(Unterschrift der Lehrerin/des Lehrers)

Super, du kannst stolz auf dich sein. Du hast dein Ziel erreicht.

____
(Unterschrift der Lehrerin/des Lehrers)

Du bist deinem Ziel sehr nah. Mach weiter so! Du schaffst es!

____
(Unterschrift der Lehrerin/des Lehrers)

Mach weiter so! Du bist auf dem richtigen Weg.

____
(Unterschrift der Lehrerin/des Lehrers)

Gib nicht auf, du schaffst dein Ziel. Du bist auf dem richtigen Weg.

____
(Unterschrift der Lehrerin/des Lehrers)

Du kannst selbst auf Stimmungsschwankungen deiner Mitschüler sensibel reagieren.

____
(Unterschrift der Lehrerin/des Lehrers)

Toll, deine Anstrengungen haben sich gelohnt. Du hast deine Leistungen in ____________________ verbessert.

____
(Unterschrift der Lehrerin/des Lehrers)

Du kannst zufrieden sein. Du hast dein Wochenziel erreicht. Weiter so!

____
(Unterschrift der Lehrerin/des Lehrers)

Du kannst zupacken und hilfst Mitschülern und Lehrern selbstlos.

____
(Unterschrift der Lehrerin/des Lehrers)

Stark, du hast in ____________________ deine Leistungen verbessert.

____
(Unterschrift der Lehrerin/des Lehrers)

Du hast gute Ideen, die das Klassenleben bereichern. Super!

(Unterschrift der Lehrerin/des Lehrers)

Mit dir wird es nicht langweilig. Du bringst gute Laune und neue Ideen ein!

(Unterschrift der Lehrerin/des Lehrers)

Du bringst ins Team Kreativität und Lösungsvorschläge ein. Mit dir wird es nicht langweilig.

(Unterschrift der Lehrerin/des Lehrers)

Es fällt dir leicht, mit Kreativität Hindernisse zu überwinden. Weiter so!

(Unterschrift der Lehrerin/des Lehrers)

Mit Energie und guten Spielideen bist du in den Pausen ein beliebter Mitspieler.

(Unterschrift der Lehrerin/des Lehrers)

Im Team knackst du Probleme und übernimmst fair die Führungsrolle.

(Unterschrift der Lehrerin/des Lehrers)

Deine gute Laune und deine Spontanität stecken uns an! Prima!

(Unterschrift der Lehrerin/des Lehrers)

Du kannst blitzschnell reagieren und setzt dich für deine Mitschüler ein.

(Unterschrift der Lehrerin/des Lehrers)

Du bist sensibel und kannst auf die Stimmungen deiner Mitschüler gut reagieren. Klasse!

(Unterschrift der Lehrerin/des Lehrers)

Du gibst nicht auf und überwindest Hindernisse hartnäckig.

(Unterschrift der Lehrerin/des Lehrers)

In dieser Woche hat mir an dir besonders gut gefallen, dass du deine Wünsche ruhig vorgetragen hast.

(Unterschrift der Lehrerin/des Lehrers)

Diese Woche warst du super bei unserem Projekt.

(Unterschrift der Lehrerin/des Lehrers)

Das war stark von dir, dass du immer ruhig und sachlich geblieben bist.

(Unterschrift der Lehrerin/des Lehrers)

Du kannst stolz auf dich sein, weil du viel gelernt hast.

(Unterschrift der Lehrerin/des Lehrers)

Du kannst dich über deine Fortschritte in Mathe freuen.

(Unterschrift der Lehrerin/des Lehrers)

Du kannst stolz auf dich sein, weil du dich in Deutsch verbessert hast.

(Unterschrift der Lehrerin/des Lehrers)

Du kannst stolz auf dich sein, weil du dich im Lesen verbessert hast.

(Unterschrift der Lehrerin/des Lehrers)

Du kannst stolz auf dich sein, weil du dein Wochenziel erreicht hast.

(Unterschrift der Lehrerin/des Lehrers)

Das hat mir in dieser Woche an dir gut gefallen:

(Unterschrift der Lehrerin/des Lehrers)

Diese Woche warst du super in:

(Unterschrift der Lehrerin/des Lehrers)

Das war stark von dir:

(Unterschrift der Lehrerin/des Lehrers)

Du kannst stolz auf dich sein, weil:

(Unterschrift der Lehrerin/des Lehrers)

Du kannst dich freuen über:

(Unterschrift der Lehrerin/des Lehrers)

Du kannst stolz auf dich sein, weil:

(Unterschrift der Lehrerin/des Lehrers)

Du kannst dich freuen über:

(Unterschrift der Lehrerin/des Lehrers)

Das hast du gut gemacht:

(Unterschrift der Lehrerin/des Lehrers)

Hausaufgaben-Gutschein

für

____

Hausaufgaben-Gutschein

für

____

Hausaufgaben-Gutschein

für

____

____
Name

Lese-Expertin

____
Name

Rechen-Expertin

____
Name

Schreib-Expertin

____
Name

Internet-Expertin

____
Name

Expertin für das Aufgaben-Erklären

____
Name

Expertin zum Thema

____

Name

Lese-Experte

Name

Rechen-Experte

Name

Schreib-Experte

Name

Internet-Experte

Name

Experte für das Aufgaben-Erklären

Name

Experte zum Thema

____

Name

Expertin für

Name

Experte für

Name

Expertin für

Name

Experte für

Name

Expertin für

Name

Experte für

Ellen Kraft: Positive Verstärker für den Schulalltag 5./6. Klasse

Expertin

für

Expertin

für

Expertin

für

Expertin

für

Expertin

für

Expertin

für

Experte

für

Experte

für

Experte

für

Experte

für

Experte

für

Experte

für

Lies die Aussagen in den Sprechblasen.
Welche **warmen Duschen** könnten in den leeren Sprechblasen stehen?

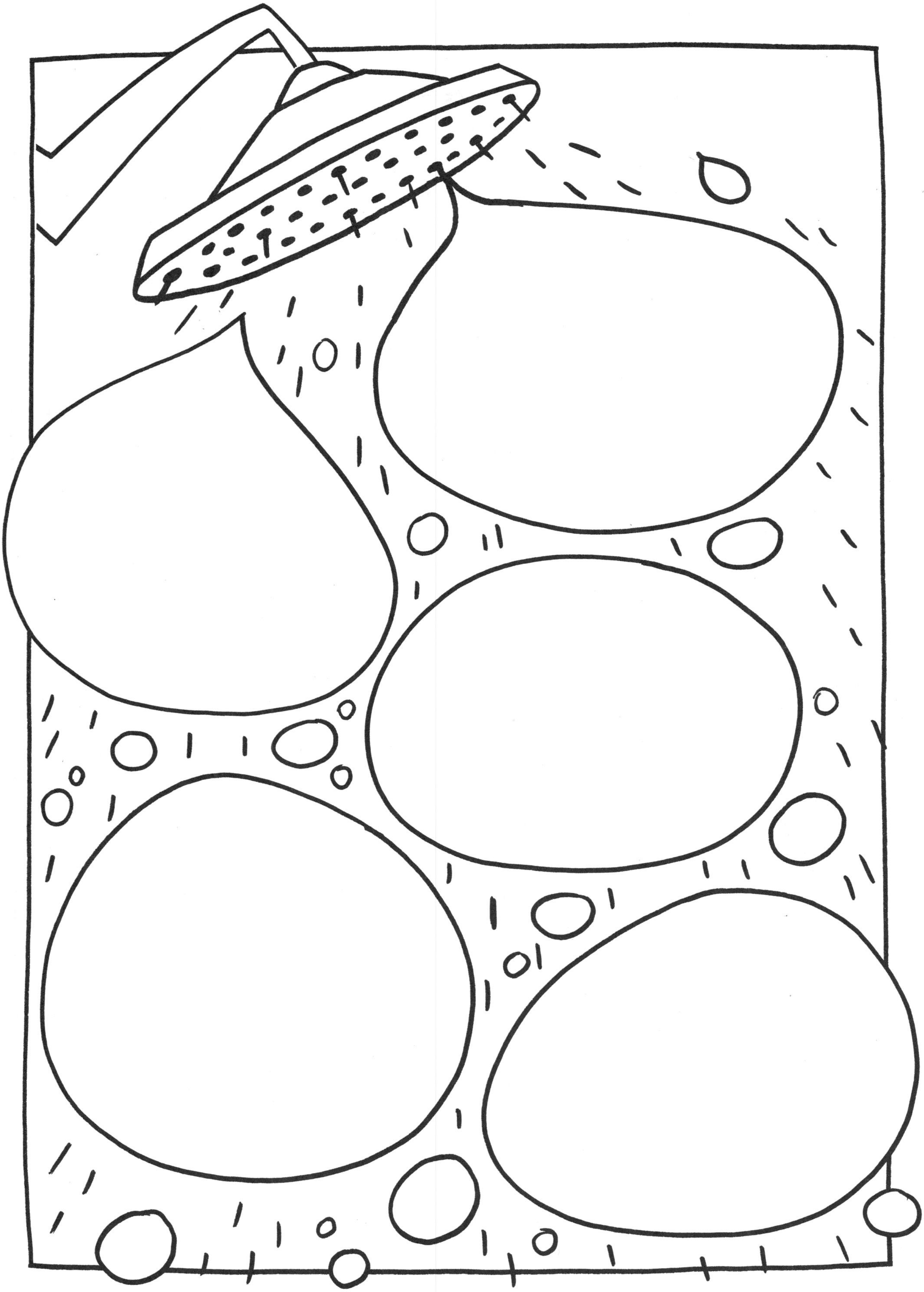

6.3 Warme-Dusche-Karten

Wählt die Aussage aus, die auf die Schülerin oder den Schüler der Woche zutrifft.

Du hattest keinen Streit mit mir. Unterschrift	Du hast mich immer aussprechen lassen. Unterschrift	Du warst freundlich zu mir. Unterschrift
Du hast mir geholfen. Unterschrift	Du warst immer pünktlich. Unterschrift	Du bist eine gute Sportlerin. Unterschrift
Du sagst ehrlich deine Meinung. Unterschrift	Du bist lustig. Unterschrift	Du kannst spannend erzählen. Unterschrift
Du bist super in Mathe. Unterschrift	Du hast gute Ideen. Unterschrift	Du hast immer gute Laune. Unterschrift
Du hast mich getröstet. Unterschrift	Du bist ein guter Sportler. Unterschrift	Du kannst gut Witze erzählen. Unterschrift
Du hast mir eine Aufgabe erklärt. Unterschrift	Du kannst toll malen. Unterschrift	Du warst immer geduldig. Unterschrift

warm
FOTO
NAME
DU!

1 Wie fühlt sich der Junge? Kreuze an.

- ☐ fröhlich
- ☐ verletzt
- ☐ beleidigt
- ☐ lustlos
- ☐ lustig
- ☐ gekränkt
- ☐ verärgert
- ☐ beschimpft
- ☐ gut gelaunt

2 Was könnte nach der Beschimpfung des Jungen weiter passieren?

____

____

Ohne Streit geht es besser, aber wie? Sprich in Ich-Sätzen.

Was ist ein Ich-Satz?
Ein Ich-Satz beschreibt, was passiert ist.
So bewertest, beschimpfst oder beschuldigst du deinen Gesprächspartner nicht.
Mit einem Ich-Satz sprichst du in deinem Namen.
Du drückst deine **Meinung**, **Gefühle** und **Wünsche** aus.

3 Welchen Ich-Satz hätte das Mädchen sagen sollen? Kreuze an.

- ☐ Ich finde dich doof.
- ☐ Du solltest in Mathe besser aufpassen, damit du richtig rechnen kannst.
- ☐ Ich meine, dein Ergebnis stimmt nicht. Lass uns nachrechnen.

Formuliere die Du-Sätze in Ich-Sätze um.

Du-Satz	Ich-Satz
Du nervst mich, wenn du deine Sachen auf meinem Tisch liegen lässt.	Ich ärgere mich über deine Unordnung.
Du guckst mich immer so dämlich an.	
Du bist einfach nur doof, du begreifst das nicht.	
Du bist blöd!	
Du bist gemein!	
Du kapierst gar nichts.	
Du redest Blödsinn.	

Mögliche Ich-Sätze:

- Ich verstehe dich nicht.
- Ich fühle mich von dir beobachtet.
- Ich weiß nicht, wie ich dir noch helfen kann.
- Ich ärgere mich über dich.
- Ich weiß nicht, wie ich dir das erklären soll.
- Ich bin enttäuscht von deinem Verhalten.

Du willst dich nicht streiten, aber einem anderen deine Meinung sagen. Deshalb solltest du eine **Ich-Botschaft** verwenden.

Eine **Ich-Botschaft** besteht aus vier Bausteinen:

1. Der **Anlass**: *Wenn du …*
2. Dein **Gefühl**: *… bin ich …*
3. Der **Grund**: *… , weil …*
4. Dein **Wunsch**: *Ich möchte …*

Situation: Leon reißt im Vorbeigehen Antonias Federtasche herunter.

1 Lies, wie Antonia reagiert, um Streit zu vermeiden.

„Wenn du meine Federtasche herunterwirfst,

bin ich sauer,

weil ich jetzt nicht weiterarbeiten kann.

Ich möchte, dass du sie aufhebst und wieder einräumst."

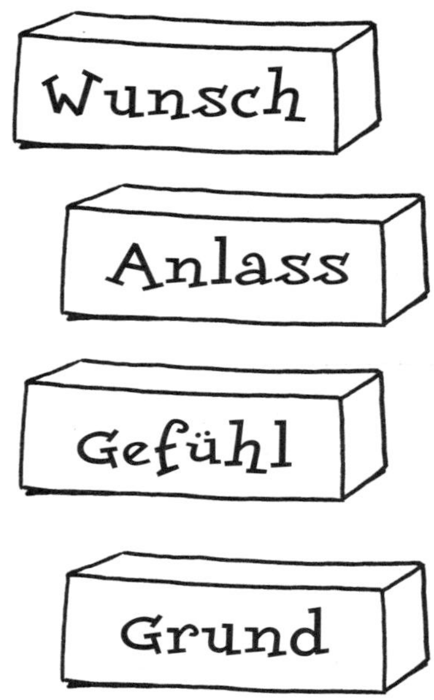

2 Verbinde die Teile der wörtlichen Rede mit den Bausteinen der Ich-Botschaft.

3 Unterstreiche die Wörter, die du immer verwenden kannst, wenn du eine **Ich-Botschaft** formulierst.

4 Wie reagiert Leon wohl nach dieser Ich-Botschaft? Kreuze an.

☐ Leon ist verärgert und geht weiter.

☐ Leon ist nicht verärgert und hebt die Federtasche auf.

Situation: Sandra hat eine neue Frisur und findet sich cool. Ihre Mitschülerin Stefanie lacht sie aus: „Du siehst mit der Frisur total uncool aus!“ Sandra ärgert sich darüber, aber sie antwortet mit einer **Ich-Botschaft**.

1 Formuliere eine **Ich-Botschaft** für Sandra. Verwende dabei die 4 Bausteine.

Anlass:

Wenn du …

Gefühl:

… bin ich …,

Grund:

… weil ich …

Wunsch:

Ich möchte …

2 Was meinst du, kommt es zu einem Streit? Begründe deine Meinung.

3 Wie könnte Stefanie reagieren? Schreibe es auf.

7.4 Ich-Botschaften-Training

Situation: Timo hat sich eine CD mit einem Computerspiel von Kevin ausgeliehen. Timo gibt Kevin die CD völlig zerkratzt zurück. Kevin ärgert sich darüber, antwortet aber mit einer **Ich-Botschaft**.

1 Formuliere eine **Ich-Botschaft** für Kevin. Verwende dabei die 4 Bausteine.

Anlass:

Wenn du …

Gefühl:

… bin ich …,

Grund:

… weil ich …

Wunsch:

Ich möchte …

2 Was meinst du, kommt es zu einem Streit? Begründe deine Meinung.

3 Wie könnte Timo reagieren? Schreibe es auf.

Situation: Mareike erzählt, Anna und Max hätten auf dem Pausenhof geknutscht. Anna ist verletzt, weil es nicht stimmt. Sie möchte nicht, dass Mareike solche Lügen verbreitet.

1 Formuliere eine **Ich-Botschaft** für Anna. Verwende dabei die 4 Bausteine.

Anlass:

Wenn du …

Gefühl:

… bin ich …,

Grund:

… weil ich …

Wunsch:

Ich möchte …

2 Was meinst du, kommt es zu einem Streit? Begründe deine Meinung.

3 Wie könnte Mareike reagieren? Schreibe es auf.

Ellen Kraft: Positive Verstärker für den Schulalltag 5./6. Klasse

Situation: ___

Anlass:

Wenn du …

Gefühl:

… bin ich …,

Grund:

… weil ich …

Wunsch:

Ich möchte …

Lies die Aussagen in den Sprechblasen.
Welche Wünsche könnten in den Sprechblasen stehen?
Schreibe sie auf.

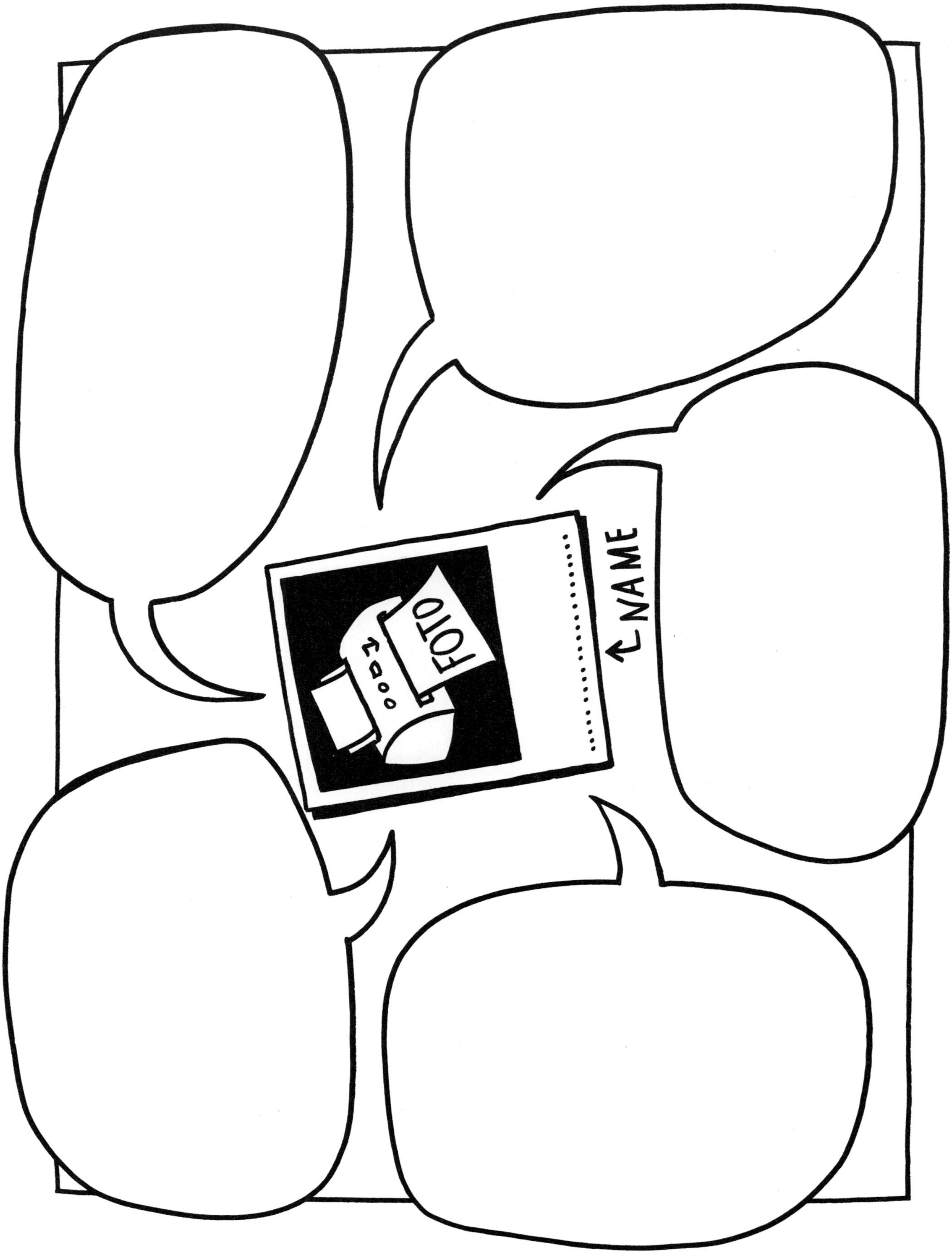
FOTO
NAME

Datum: ______________________

Fach: ______________________

- ☐ Einzelarbeit
- ☐ Partnerarbeit
- ☐ Gruppenarbeit

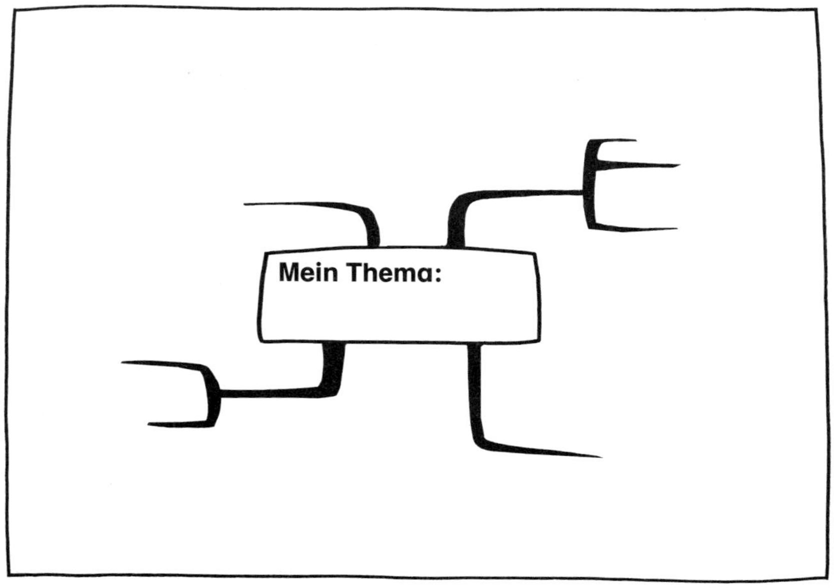

Ich bin mit meinem Arbeitsergebnis zufrieden.			
Es hat mir gefallen, mit der Mindmap zu arbeiten.			
Es ist mit leichtgefallen, die Mindmap aufzubauen.			
Ich habe viel über das Thema gelernt.			
Ich habe alles verstanden.			

Woran will ich weiterarbeiten?

____

____

Wer oder was kann mir dabei helfen?

____

____

____

Hausaufgaben-Tagebuch

	Montag	Dienstag	Mittwoch	Donnerstag	Freitag
Das habe ich gemacht:					
Das fiel mir nicht leicht:					
Das habe ich zusätzlich geübt:					
Das habe ich nicht verstanden, deshalb muss ich im Unterricht nachfragen:					
So viel Zeit habe ich gebraucht:					
An welches Arbeitsmaterial für morgen muss ich denken?					

Hausaufgaben-Wegweiser

1. Erledige deine Aufgaben allein.
2. Arbeite an einem ruhigen Platz.
3. Beginne mit den leichten Aufgaben.
4. Lies die Aufgabenstellung gründlich durch.
5. Arbeite langsam und genau.
6. Kontrolliere die Hausaufgaben.

ICH FÜHLE MICH GUT, WEIL ...

ICH FÜHLE MICH GUT, WEIL ...

ICH FÜHLE MICH SCHLECHT, WEIL ...

ICH FÜHLE MICH SCHLECHT, WEIL ...

1 In einem Internet-Forum gibt es zu verschiedenen Diskussionsthemen einen Beitrag. Überlege, zu welchem Thema du dich äußern würdest.

2 Schreibe deine Meinung auf. Nimm in deiner Antwort Bezug auf die Äußerungen der anderen.

Gruppenzwang
Dem Gruppenzwang muss man sich unterwerfen, sonst hat man nix wie Stress. Man tut etwas, nur weil die anderen es tun, obwohl man es selbst eigentlich gar nicht möchte. Aber man hat keine andere Wahl.
Niggi

Freundschaft oder Bekanntschaft?
Mit Freunden unternimmt man viel zusammen, man kann sich alles erzählen, weil man ihnen vertraut. Man hat Spaß, wenn man zusammen abhängt.
Bekannte hat man viele, denn man kennt sie nur flüchtig. Man ist sich zwar sympathisch und führt auch mal ganz nette Gespräche, aber mehr auch nicht.
Gusy

Schule schwänzen
Mein Freund forderte mich auf, die Schule zu schwänzen, er hat es getan und niemand hat es gemerkt. Ich bin ja auch nicht gerade der *Schlechteste* in der Klasse, da kann man sich das auch schon mal erlauben!
muhaha97

Mobbingopfer
Kann eigentlich jeder ein Mobbingopfer werden oder sind das nur bestimmte Kinder – die viel dicker oder viel dünner als andere sind, viel schlauer oder viel dümmer oder die einfach nur Pickel, eine große Nase oder wenig Geld haben? Oder die sich bei den Lehrern einschleimen?
Roma

Hänseleien
Mehrere Schüler hänseln meinen Freund, weil er Segelohren hat. Egal, habe ich gesagt, Leute ohne Macke sind kacke, und dann ließen sie ihn ganz schnell in Ruhe!
Katze15

Cybermobbing
Richtig gemein sind die Leute, die sich nicht trauen, von Angesicht zu Angesicht schlecht zu anderen Menschen zu sein, sondern die uns „virtuell" mobben. Wenn also jemand bösartige E-Mails oder SMS erhält, wenn er oder sie bei SchülerVZ oder im Chat angepöbelt und sogar beleidigt wird, wenn peinliche Bilder oder Videos im Internet auftauchen – dann sind das Fälle von Cybermobbing. Kennt ihr das auch?

1 Stell dir vor, du wirst von einer Gruppe Mädchen oder Jungen gemobbt. Überlege, was du tun würdest.

2 In einem Forum findest du auf einer Internetseite diese Meinungen der anderen? Schreibe deine eigene Strategie gegen Mobbing auf. Nimm in deiner Antwort Bezug auf die Meinungen der anderen.

Ich meine, am besten hilft es, wenn man tüchtig zurückschlägt. Die verstehen nur eine Sprache. Ich hol meine Homies und erteile ihnen eine Lektion, die sich gewaschen hat.

Blacktiger 007

Ich helfe mir, indem ich einfach nicht hinhöre, wenn jemand was Blödes zu mir sagt. Weil die einfach nur neidisch auf irgendwas sind und deshalb ihre Kommentare ablassen. Also: Ohren zuklappen und weghören und den Lieblingssong vor sich hin summen.

Vanessa

Ich geh einfach zu einem Lehrer, der Aufsicht macht, und stell mich die ganze Pause lang zu ihm. Nach Schulschluss gehe ich schnell nach Hause und zwar da lang, wo andere Leute auch langgehen. Ich gehe nirgends lang, wo keine anderen Menschen sind.

Sali

Ich erzähl es einer Vertrauensperson, zum Beispiel einer Lehrerin. Dann kann man versuchen, die Gründe herauszufinden und alles in Ruhe und ohne Gewalt zu regeln.

Emi13

Ich versuche, es erstens zu ignorieren, zweitens mich zu wehren und drittens: Wenn die mich angreifen, dann ruf ich die Polizei.

Micki77

Aus einem Blog zum Thema „Mobbing":

Kennst du das Gefühl, Sonntagabend ins Bett zu gehen und schon ein gewisses Grauen vor dem nächsten Tag zu haben, weil du wieder in diese Klasse musst, in der eine Person ist, die alles tut, um dir den Tag zur Hölle zu machen und du weißt, dass es deine Mitschüler mitbekommen, sich aber nichts zu sagen trauen?!

Mir geht es so, und es ist unerträglich ... Sicher, du weißt, dass es nicht so ist, dass dich keiner mag, oder so, aber trotzdem stehst du in den meisten Situationen allein da, und weißt dir nicht mehr zu helfen ...

1 Welche Gefühle und Fragen werden beschrieben?

____

____

____

2 Bei Mobbing versteht das Opfer nicht, warum die anderen auf ihn losgehen und sucht die Schuld bei sich. Das Problem sind aber die Täter, die ohne Mitgefühl sind. Wie stellst du dir hier die Täter vor. Welche Motive haben sie?

____

____

____

3 Die Würde einer Schülerin und eines Schülers ist unantastbar! Was bedeutet das?

____

____

____

4 Mobbing gibt es in vielen Bereichen und es gibt viele Betroffene. Welchen Ausweg würdest du sehen?

____

____

____

5 Schreibe einen Brief an einen Täter, in dem du ihn aufforderst, sein Verhalten zu ändern.

6 Schreibe einen Brief an den Vertrauenslehrer.

Tipp:
Denke an die Ich-Botschaft!

Finde Mitschüler, die deinen Lieblingssong auch gut finden.
Bildet ein Team und bearbeitet folgende Aufgaben. Ihr könnt das Internet nutzen.

1 Stellt eure Lieblingsband/euren Lieblingssänger vor.

Name der Band/des Sängers: ______________________________

Geschichte der Band/des Sängers:

- ______________________________
- ______________________________
- ______________________________
- ______________________________
- ______________________________

Andere bekannte Songs:

- ______________________________
- ______________________________
- ______________________________

2 Hört euch den Song gemeinsam an.

a) Schreibt den Titel auf: ______________________________

b) Findet einen anderen Titel für diesen Song:

____

3 Schreibt einen Satz oder einen Gedanken des Songs auf, der euch besonders gefällt. Begründet die Antwort.

____

____

4 Kreuzt an, welche Gedanken und Gefühle der Song bei euch auslöst.

☐ trösten	☐ aufmuntern	☐ entspannen
☐ Wut	☐ chillen	☐ nachdenklich stimmen
☐ verstehen	☐ Glück	☐ aufregen

5 Schreibe auf, weshalb der Song dir gefällt.

____

10.5 Umgang mit Beleidigungen

Bildet ein Team und bearbeitet folgende Aufgaben. Ihr könnt das Internet nutzen.

1 Welche Aufgaben hat ein Schiedsrichter? Gestalte ein Cluster.

2 Warum braucht der Sport Schiedsrichter? Sammelt Meinungen dazu.

- ____________________
- ____________________
- ____________________
- ____________________
- ____________________

3 Welche Meinung habt ihr zu folgender Schiedsrichter-Beleidigung *„Schiri, du Blinder!“*?

____

____

4 Welche Gedanken und Gefühle werden durch verbale Beleidigungen oder Attacken beim Schiedsrichter ausgelöst.

- ____________________
- ____________________
- ____________________
- ____________________
- ____________________

5 Was sollten *aggressive* Fans lernen?

- ____________________
- ____________________
- ____________________
- ____________________
- ____________________

6 Wie kann man sich gegen Mobbing und körperliche Gewalt schützen? Schreibe in Stichpunkten.

____

____

____

7 Was kann der **DFB** (Deutscher Fußball-Bund) gegen Gewalt im Stadion tun? Schreibe in Stichpunkten.

____

____

____

1 Organisiert eine Befragung unter euren Mitschülerinnen und Mitschülern. Nutzt den folgenden Fragebogen.

Name:			
	ja	nein	manchmal
1. Treibst du Sport?			
2. Beschäftigst du dich mit Computerspielen?			
3. Meinst du, dass es wichtig ist, dass immer was los ist?			
4. Ist dir die Aufmerksamkeit der anderen sehr wichtig?			
5. Stehst du bei anderen gern im Mittelpunkt?			
6. Hast du dich bereits einmal auf eine Mutprobe eingelassen?			
7. Würdest du es wieder tun?			
8. Möchtest du als „cool“ gelten?			
9. Hast du schon einmal erfahren, dass etwas Falsches über dich erzählt wurde?			
10. Hast du dich schon einmal auf Kosten anderer lustig gemacht?			
11. Bist du in der Schule häufig in Streitereien entwickelt?			
12. Denkst du, dass Mädchen anders streiten als Jungen?			
13. Findest du, dass du fair streiten kannst?			
14. Streitest du dich oft?			
15. Wurde deine Kleidung oder dein Aussehen schon einmal kritisiert?			
16. Bist du von einem Erwachsenen beschimpft worden?			
17. Bist du schon einmal von einem Erwachsenen mit Schlägen bedroht worden?			
18. Bist du schon einmal von einem Erwachsenen geschlagen oder geprügelt worden?			
19. Bist du von einem Erwachsenen schon einmal eingesperrt worden oder in anderer Weise daran gehindert worden, dich frei zu bewegen?			
20. Lehnst du Schlägereien grundsätzlich ab?			
21. Schlägst du dich mindestens einmal pro Woche?			
22. Hältst du es für ein Zeichen der Schwäche, dich zu prügeln?			
23. Würdest du bei einem Streit oder bei einer Schlägerei auch die Flucht ergreifen?			
24. Verwendest du häufig Schimpfwörter und Beleidigungen?			
25. Hältst du es für ein Zeichen von Stärke, dich zu prügeln?			
26. Hast du oft Zoff mit deinen Eltern?			
27. Erlebst du in deinem Alltag viel Gewalt?			

2 Wertet die Ergebnisse aus:

- Was sind die typischen Merkmale eurer Klasse?
- Welche Gruppen gibt es?
- Was fällt besonders auf?
- Was solltet ihr hinterfragen?

Mobbing-Tagebuch

Wer hat etwas getan oder gesagt?	**Ort** **Zeitpunkt**	**Wie** habe ich mich gefühlt oder reagiert?	**Verteidiger/Zeuge**
___ ___ ___ ___ ___	___ ___ ___ Uhr	☐ wütend ☐ traurig ☐ beleidigt ☐ enttäuscht ☐ ohnmächtig ☐ sprachlos ☐ körperliche Reaktionen: ___	Verteidiger: ☐ ja/ ___ ☐ nein Zeuge: ☐ ja/ ___ ☐ nein
___ ___ ___ ___ ___	___ ___ ___ Uhr	☐ wütend ☐ traurig ☐ beleidigt ☐ enttäuscht ☐ ohnmächtig ☐ sprachlos ☐ körperliche Reaktionen: ___	Verteidiger: ☐ ja/ ___ ☐ nein Zeuge: ☐ ja/ ___ ☐ nein
___ ___ ___ ___ ___	___ ___ ___ Uhr	☐ wütend ☐ traurig ☐ beleidigt ☐ enttäuscht ☐ ohnmächtig ☐ sprachlos ☐ körperliche Reaktionen: ___	Verteidiger: ☐ ja/ ___ ☐ nein Zeuge: ☐ ja/ ___ ☐ nein

Mobbinghandlungen

Kreuze an.

Körperliche Gewalt:

- [ ] treten, schlagen
- [ ] schubsen
- [ ] Diebstahl oder Beschädigen von Material
- [ ] ______________________

Verbale Gewalt:

- [ ] beschimpfen
- [ ] auslachen, verspotten
- [ ] Zurückhalten wichtiger Informationen
- [ ] drohen
- [ ] erpressen
- [ ] abwertende Wort
- [ ] ______________________

Indirekte Gewalt:

- [ ] ausgrenzen
- [ ] lästern
- [ ] Andeutungen machen
- [ ] Kleidung, Unterrichtsmaterial verstecken
- [ ] Gerüchte verbreiten
- [ ] ______________________

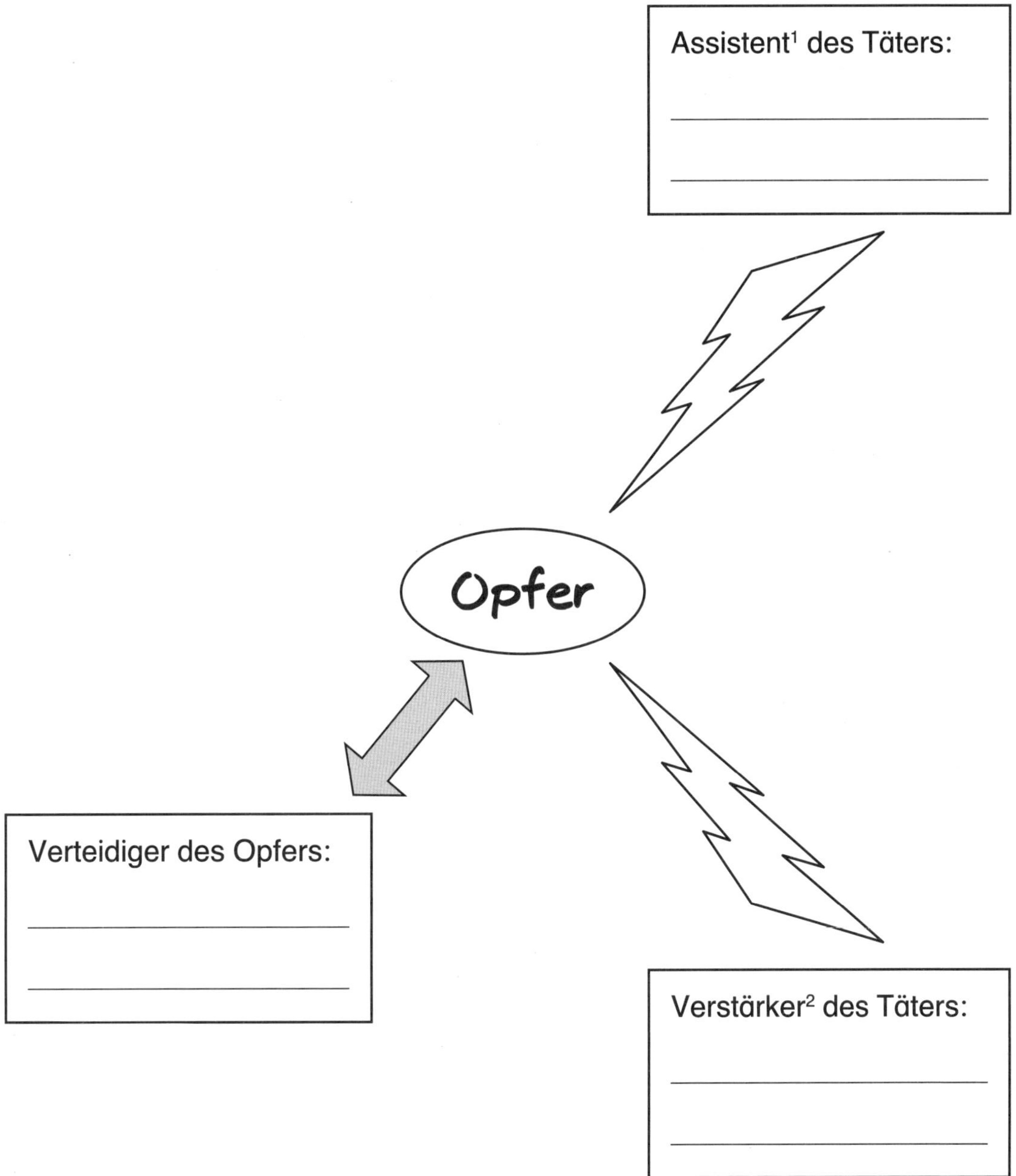

[1] Assistenten helfen dem Täter.

[2] Verstärker mobben nicht selbst. Sie feuern den Täter an.

Anmeldung zur Schülersprechstunde

Name: ______________________________ Datum: ______________

Mein Problem:

____

____

____

____

____
Unterschrift der Schülerin/des Schülers

Darüber sprechen wir:

am ______________________ in Raum ______________________

____
Unterschrift der Lehrerin/des Lehrers

Anmeldung zur Schülersprechstunde

Name: ______________________________ Datum: ______________

Mein Problem:

____

____

____

____

____
Unterschrift der Schülerin/des Schülers

Darüber sprechen wir:

am ______________________ in Raum ______________________

____
Unterschrift der Lehrerin/des Lehrers

VERTRAG

Verhaltensvertrag

zwischen ______________________________

und ______________________________

Wir vereinbaren Folgendes:

____

____

____

____

Meine Belohnung

____

____

____

____

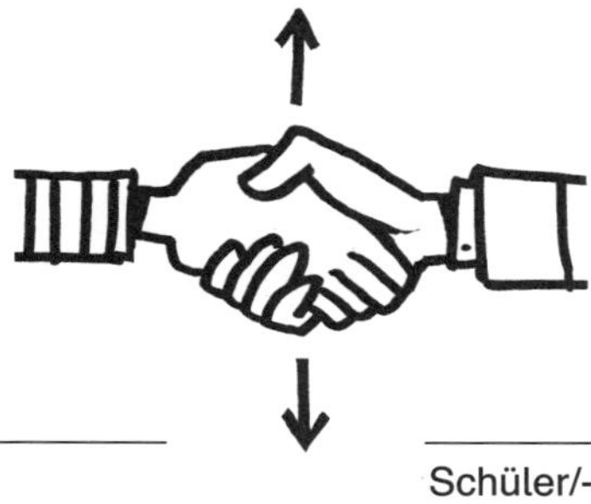

______________________ ______________________

Klassenlehrer/-in Schüler/-in

VERTRAG

Verhaltensvertrag

zwischen ______________________________

und ______________________________

Wir vereinbaren Folgendes:
- Ich erscheine jeden Tag pünktlich zur Schule.
- Ich bin freundlich und rücksichtsvoll gegenüber meinen Mitschülern und Lehrern.
- Ich halte mich an die Regeln.
- Ich kläre Konflikte mit Ich-Botschaften.
- Ich bin bereit, gelöste Probleme zu vergessen, das heißt: *Ich lösche den Eintrag auf meiner Festplatte.*

Meine Belohnung

____

____

____

____

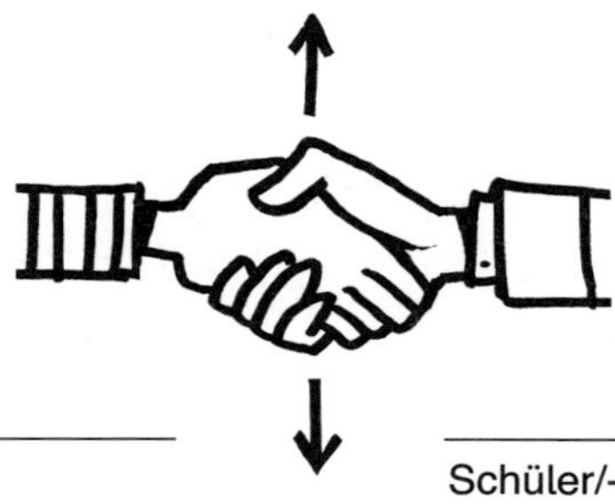

Klassenlehrer/-in

Schüler/-in

Wir verbringen in unserer Klasse viel Zeit miteinander. Für ein erfolgreiches Lernen und ein positives Miteinander ist es wichtig, dass wir uns alle an Grundsätze und Regeln halten.

Unsere Vorsätze und Vereinbarungen

- Wir wollen Probleme, die wir miteinander haben, offen ansprechen, friedlich untereinander lösen und gegebenenfalls Hilfe bei einem Streitschlichter, einer Lehrerin oder einem Lehrer suchen.
- Wenn ich etwas anstelle, werde ich auch dazu stehen und bin bereit, den verursachten Schaden wiedergutzumachen oder den Betroffenen um Entschuldigung bitten.
- Ich werde mein Verhalten auf Regelverstöße hin beobachten und mich selbst kontrollieren.
- Ich spreche Mitschülerinnen und Mitschüler an, wenn ich merke, dass sie gegen Regeln verstoßen und werde sie an die Regeln erinnern.
- Bevor ich jemanden abstemple und für alles, was schiefgeht, verantwortlich mache, prüfe ich genau, ob mein Urteil stimmt.
- Ich kränke oder verletze andere nicht mit Schimpfwörtern oder abwertenden Äußerungen. Wenn ich sehe, dass jemand immer wieder zu unrecht abgestempelt wird, helfe ich ihm.
- Ich bin bereit, anderen zuzuhören und ihre Meinung gelten zu lassen. Dabei kann ich meine eigene Sicht darstellen, ohne die Meinung oder Äußerung der anderen niederzumachen.
- Ich bin nicht bereit, Meinungen oder Äußerungen unwidersprochen hinzunehmen, die andere beleidigen, angreifen oder gegen rechtliche oder menschliche Grundsätze verstoßen.
- Ich bin bereit, unter negative Geschehnisse einen Schlussstrich zu ziehen und einen Neuanfang zu machen, wenn die Dinge geklärt sind.
- Ich werde denjenigen helfen, die sich an mich wenden, wenn sie Probleme haben, und nicht mit anderen über sie lästern. Ohne Rücksprache mit ihnen werde ich auch nicht mit anderen über diese Probleme reden.
- Ich erscheine pünktlich zum Unterricht, erledige meine Hausaufgaben und andere mir übertragene Aufgaben sorgfältig. Offenen Fragen stelle ich direkt im Unterricht oder gleich nach Unterrichtsende.

Dies gilt für alle Unterzeichnenden gleichermaßen.

_______________________________ _______________________________

Klassenlehrer/-in Schüler/-in

12.1 Kriterien zur Einschätzung des Arbeitsverhaltens

Kompetenzbereiche des Arbeitsverhaltens / Name:																										
Leistungsbereitschaft/Mitarbeit																										
Längere Zeit konzentriert arbeiten																										
Interesse am Unterrichtsgeschehen zeigen																										
Sich bei schwierigen Aufgaben anstrengen																										
Schwierigkeiten erkennen, Unterstützung einholen																										
Ziel- und Ergebnisorientierung																										
Schwierige Aufgaben zu Ende führen																										
Selbstkontrolle durchführen																										
Arbeiten im zeitlichen Rahmen durchführen																										
Ziele anstreben, Absprachen einhalten																										
Kooperationsfähigkeit																										
Teamfähig sein																										
Eigene Interessen zurückstellen																										
Vorschläge anderer aufgreifen																										
Hilfe annehmen																										
Selbstständigkeit																										
Lernprozesse (Ziele) strukturieren und organisieren																										
Arbeitsschritte und Lernfortschritte reflektieren																										
Ergebnisse selbstständig prüfen, Fehler korrigieren																										
Eigene Lösungsvorschläge und Ideen einbringen																										
Verlässlichkeit																										
Pünktlich sein																										
Schulische Aufgaben termingerecht erledigen																										
Hausaufgaben vollständig/zuverlässig anfertigen																										
Arbeitsmaterial vollständig bereithalten																										
Sorgfalt und Ausdauer																										
Sorgfältig und ausdauernd (längerfristig) arbeiten																										
Hefte und Mappen gewissenhaft führen																										
Verantwortungsbewusst mit Schuleigentum umgehen																										
Klassendienste gewissenhaft ausführen																										

Kompetenzbereiche des Sozialverhaltens	Name:																									
Kooperationsfähigkeit																										
Vereinbarte Regeln einhalten																										
Arbeitsaufträge/Vorschläge mit dem Team abstimmen																										
Leistungen anderer anerkennen																										
Hilfen annehmen, ggf. eigene Interessen zurückstellen																										
Umgang mit Mitschülern																										
Offenheit und kameradschaftliches Verhalten zeigen																										
Freundlich sein, Kontakte pflegen																										
Verhalten, Meinungen, Aussehen anderer respektieren																										
Sprache benutzen, die andere nicht diskriminiert																										
Hilfsbereitschaft zeigen																										
Konfliktverhalten																										
Kritik gegenüber anderen sachlich begründen																										
Kritik an dem eigenen Verhalten annehmen																										
Konflikte friedlich lösen																										
In Konfliktsituationen vermitteln																										
Reflexionsfähigkeit																										
Eigenes Verhalten reflektieren																										
Verhalten anderer reflektieren																										
Bewältigungsstrategien suchen																										
Verantwortungsbewusstsein																										
Aufgaben und Pflichten in der Gruppe übernehmen																										
Entscheidungen über Belange der Klasse mittragen																										
Gemeinsam getragene Lösungen suchen																										
Für das eigene Handeln einstehen																										

Inhalt CD

Die Materialien (PDF-Dateien)

01 Sich besser kennenlernen
02 Gemeinschaft stärken durch positive gemeinsame Erlebnisse
03 Stärken erfahren und einschätzen
04 Arbeits- und Sozialverhalten: Ziele und Einschätzungen
05 Gutscheine und Belobigungen
06 Warme Dusche
07 Zu einem freundlichen Miteinander
08 Lerntagebücher
10 Mobbing
11 Verhaltensverträge
12 Kriterien zur Einschätzung des Arbeits- und Sozialverhaltens

Editierbare Materialien (Word-Dateien)

Formulierungsvorschläge für einen Verhaltensvertrag
Individueller Verhaltensvertrag (blanko)
Interview zum Kennenlernen (blanko)
Interview zum Kennenlernen
Kriterien zur Einschätzung des Arbeitsverhaltens
Kriterien zur Einschätzung des Sozialverhaltens
Monatsübersicht planen (blanko)

Weitere Materialien (PDF-Dateien)

Auszeit
Feedback-Karten
Hausaufgaben-Wegweiser
Poster: Schüler der Woche
Stärken-Turm
Stopp